サバイブする力

経験を増やし、違和感を磨き、言語化すると未来が拓ける

野口昌一路
Shoichiro Noguchi

同文舘出版

亡き友へ
そして、
未来会う友へ

「あなたの幸せって、なんですか？」

そう聞かれて、どれくらいの人が迷うことなく答えられるだろうか。

「本心で会話ができたり、気持ちをわかり合える友だちがいない」

「会社の人間関係がうまくいかない。上司・部下との関係がストレス」

「もっと収入を上げたい。安定させたいけど、どうやったらいいかわからない」

「人生を変えたいけれど、自分のやりたいことがわからない」

「毎日が同じことの繰り返しでつまらない」

14年間で27業種の新規事業を立ち上げ、10事業をバイアウトした経験のある経営者であり、投資家でもある僕は、不思議と老若男女を問わず、さまざまな人たちからこんな相談を受けることが多い。

「経験を増やす」ということを大事にしている僕は、年間365日ホテル暮らしをし、月に1回以上は海外に行くようにしている。旅の途中でブッ飛んだ経験をし、ヤバすぎる生き方をしている人に会い、文化の違いで危機的状況に追い込まれたこともある。

会社経営においても、個々の力・会社の業績を最大化するためなら、新しい施策はとにかくどんどん取り入れ、少しでも良いと思ったことには果敢にチャレンジし、がむしゃらに進んできた。そんな風に試行錯誤しながら、たくさんの失敗と挫折を経験してきた僕だからこそ、伝えられることがあると思う。

何も知らない人が見たら、僕はうまくやっているように見えたかもしれない。けれど、僕自身は、心の奥底でいつも「自分の幸せって、なんだろう?」という、答えの出ない問いで堂々巡りをしていた。

会社員時代の僕は、家賃5万円の家に住み、同じ時間に起き、いつもと同じ道を通って会社に行き、同じ仕事をしていた。そんなルーティーンに、疑問を抱くこともなかった。それが今やSNSの台頭により、変化のスピードが尋常でないほど速くなった。以前は1年かかって作られていたものが、1か月、2か月のうちに、あっという間に消費され、すぐに消え去ってしまう。

情報過多で混沌としている時代だからこそ、ルーティーンの日々から脱却し、新しい刺激を自ら掴みにいき、価値観を上書きし、未来に向かって行動し、進化し続けていかなければならない。

そう思った僕は「もっと自分の心の声を聞き、本能に従ってシンプルに、本質で生きたい」、そう強く願った。そして、手始めにあらゆるものを捨てていった。捨てることで、自分にとって本当の幸せが見えてきた。

人は誰でも幸せになる権利がある。

幸せの形は人それぞれたくさんあっていいし、もっと自由で、もっと制限がなく、もっと楽しいものだと思う。

僕は、現在も、未来も、「好きな時に・好きな人と・好きなことを・好きなだけ」やれる自分でありたい。幻想のような、実体のない常識や固定観念を捨て、自分の心に正直に、後悔のないよう、圧倒的に成長しながら生きていきたい。

だって、人生の残り時間は、めちゃくちゃ少ないのだから。

サバイブする力
経験を増やし、違和感を磨き、言語化すると未来が拓ける

1章

経験という名の進化をしろ！

Contents

2章 違和感は心の声

3章 言語化は認知の鏡

4章 「マネーワーク」と「らしさワーク」

Contents

5章

お金は「稼ぎ方」より「使い方」

6章 未来への兆しを掴め！

7章 サバイブする力は「自分への愛」

Contents

カバー・本文デザイン　ホリウチミホ（ニクスインク）

1章

経験という名の
進化をしろ！

Power To Survive

1-1 「365日ホテル暮らし」をしている理由

僕は365日、ホテル暮らしをしている。

人生をより豊かに、より幸せに生きるために、毎日違う街に行き、違う人に会って、違うホテルに泊まって、違う経験をしている。

「なんでホテル暮らしをしているの?」と聞かれるたびに、「マインドフリーで生きるため」と僕は答えている。

「家」は本当に必要? 常識を疑ってみる

365日ホテル暮らしの僕のことを「ブッ飛んでる」という人は多い。でも、自分の心に正直に、嘘をつかずに生きることを選んでいった結果、ホテル暮らしになっただけ。

人は、「家は住むところ」「ホテルは泊まるところ」といった固定観念に囚われがちだ。そして「ホテルに泊まるなんて贅沢だ」「私には無理」といった、制限を設けてしまう。世間の常識の範囲内で物事を考えたり、やらない言い訳を作るのが上手な生き物だとも思う。もちろん、僕もそういう人間の一人だった。

家を持っていた時は、いらないものが溜め込まれ、片づかないことにイライラしていた。出張ばかりでほとんど住んでいないのに、家賃を支払い続けていることにもモヤモヤしていた。出張から帰って、友だちから食事に誘われても、家に戻って荷物を置いたり準備をしたりしていると、面倒くさくなって行くのを迷ってしまうこともよくあった。

そんな状況がすごく窮屈で、不自由だった。いつしか、家がなければもっと自由に、もっと身軽に生きられるかもしれない、と考えるようになった。決断とは、「捨てること」だと思っている。

だから、「家を捨ててホテル暮らしをしてみよう！」と思った。思い立ったら即行動。すぐに家を解約した。ホテル暮らしがダメだったら、またその時に考えればいい。その時の僕には、新しいことに挑戦しないことのほうがリスクだった。

僕は「経験」というものを何よりも大事にしている。せっかく神様から健康な身体を与えてもらい、なんでもできる可能性があるのに、「やらないこと」を選ぶのは、ものすごくもったいない。

「365日ホテル暮らし」のメリット

ホテル暮らしをするようになってから、移動距離と時間を圧倒的にカットできるようになった。今、どこにいるのかをSNSで発信し、反応してくれた人と会って食事をし、その場所から近い、あるいは次の日の移動に便利なホテルに泊まる。「時間」は「経験」と同じくらい大事なので、家をなくしたことで得られる時間効率の良さとスピード感は、僕のライフスタイルに合っていた。そして何より、好きな時に、好きな人と、好きなことを、好きなだけやれる自由さは、何ものにも代え難い。

ホテル暮らしだと、掃除はもちろん、消耗品、飲み物を買って補充するといった面倒な手間が全部省ける。モノを持つ必要もなくなるので、リュックの中身はパスポートとパソコン、スマホ、プロテイン、サプリメント、化粧水くらい。服は、僕が作ったアパレルブランド「VUNCTION」のTシャツと短パンを着ていて、肌着や靴下はその時々で買っている。あらゆるものを捨てまくったことで、自分にとって本当に大事なものだけがハッキリ見えてくるようになった。

ホテルに住むことは、僕にとって家に住むより断然メリットが大きかった。好きな時に好きなように動けることで、「〇〇だからできない」という制限やリミッターが外れていった。そして、ホテル暮らしをしていることが周りに知れ渡るにつれ、「ショウちゃん、東京にいるの？　今から晩御飯食べに北海道に来ない？」といった感じで声がかかり、全国各地の有名なお店を紹介してもらえたり、お祭りなどのイベントに声をかけてくれる人が現れるようになった。

ホテル暮らしのデメリットを強いて挙げるとしたら、住民票をどこに置くかとか、荷物の配送をしてもらうのが不便ってことくらいで、家をなくしたことで僕はますます楽しく、おもしろい経験ができるようになった。

自分の経験値になること、生活に活かせる新しいことをやってみると、どんどん常識や固定観念が外れていく。マインドフリーになり、より自由でよりおもしろい人生を創り出すことができる。そこにこそ、この混沌とした時代をサバイブするチャンスがたくさん転がっている。

1-2 地球をサバイブする力

僕が「家」と呼んでいるリュックの中には、常にパスポートが入っているので、いつでも海外に行ける。今まで行った国は50ヶ国くらい。海外には、経験を増やすという意味もあるけれど、おもに「資産形成・リミッター外し・友だち作り」のために行っている。

世界の物価高がヤバい！

リスク分散のため、ドル・ユーロ・バーツ・リラなど諸外国の通貨や不動産、アート、楽器、車などを資産として積極的に持つようにしている。その一環で、銀行口座を新しく開設するためにハワイに行った。

周知の通り、日本の金利はとても低く、たくさんお金を預けてもほとんど増えない。

一方ハワイでは、普通預金の金利が日本より格段に高く、まとまったお金を預けておけば、結構な額のお金が寝ていてもノーリスクで返ってくる。それにアメリカでは、万が一、銀行に問題が起きた場合でも、ペイオフで外国籍の人も含めて25万ドルは保障してもらえる。だから、金利はもちろんだけど、保障がしっかりしている米ドルで資産を持っておくことは大事だと思う。

日本の「円」が今弱くなっているように、為替変動のリスク回避のため、海外の通貨や不動産を持って資産を分散するようにしている。

それにしても、ハワイの物価は高かった。以前ヨーロッパに行った時も「高いな」と思ったけれど、今回のハワイは、以前と比べて3～5倍高くなっていたので、ある意味リミッターが外れまくった。

今、日本でも物価高が加速している。以前住んでいた高層マンションはあっという間に1・5倍に値上がりした。インフレの影響で、僕も都内に持っている投資用マンションの家賃を2万円値上げした。これだけ物価が上がっていると、現金だけを持つのは危険なので、お金を車や不動産やアートといったモノに換えていっている。

アルジェリアの女性の資産運用

「日本人はお金持ち」というのは、遠い昔の話。今や海外では、中国人や韓国人のほうがチップをバンッと多めに払うから、日本人は「ケチ」だと思われている。過去30年近く、日本人の平均年収はほぼ上がっていないので、当然と言えば当然のことなんだけど。

最近行ったチベットも、物価や初任給が日本の水準に近づくくらいにまで経済が発展している。

仲良くなったアルジェリア人の20代後半の女性から、ある時こんな話を聞いた。アルバイトをしている彼女は、家族と一緒に自宅に住んでいる。アルバイトをしている他に、資産運用のため、利回り6％の30万ドルの投資用マンションを持っていると言っていた。お金がないから銀行から金利4・5％で借りているが、それでも1・5％は稼げるのだ。

アルジェリア人の若い女性が、自分の未来に備えて、不動産投資をしている事実に驚いた。日本で実家住まいのフリーターの人が、マンションを買って不動産投資をするなんて、あまり聞かない。でもそのくらい日本人のマネーリテラシーは、お世辞にも高いとは言えないのが現状なのだと思う。

「サバイブすること」から逃れられない

日本と海外を行き来していると、日本は治安が良く、衛生面や利便性の高い素晴らしい国だとは思うけれど、心配になることもたくさん見えてくる。

日本がいくら島国とはいえ、戦争や災害といった世界情勢の影響は当然受けるし、今後日本の人口が減っていくのは疑いようのない事実であり、市場が縮小していくのは間違いない。

日本政府の政策が良いとか悪いとか言いたいのではない。「日本の国力が弱くなる」ということは、相対的に他の諸外国の力が強くなる、ということだ。

輸入品はどんどん高くなって、ますます買いづらくなるだろう。ブランド物や嗜好品だけではなく、そのほとんどを輸入に頼っている食品や、生活必需品も手に入らなくなる日も、もしかしたらやってくるかもしれない。

決して脅したいわけではなく、そんな未来がある程度予測されているのなら、そうなっても大丈夫なように今何をしておくべきなのか、どんな風に考え、何を備えておくべきなのかを僕はこの本で伝えたいと思っている。

未来の自分を守れるのは自分しかいない。未来の自分のために、お金も時間も人も最大化させて生きる。これが未来の地球をサバイブするための重要な手掛かりとなる。

1-3 最大のコストは見栄とプライド

365日ホテル暮らしだったり、コンビニに行く感覚で海外に行っていたりするので、「ショウさんって一体何やってる人なんですか?」と聞かれることが多い。

複数の事業をやっている経営者でもあり、投資家でもあるけれど、僕は自分のことを「人生追求家」だと思っている。

「家族」と「先祖」が何より大切

僕の実家は130年以上続く呉服屋で、父で4代目になる。僕は3人きょうだいの長男。「商売人家系あるある」だと思うけど、うちにも「人に迷惑をかけるな」「挨拶はしっかりする」といった家訓みたいなものがあった。

地域密着型の商売なので、僕が学校や地域で変なことをしでかしたら、先祖が築き上げてきた信頼が一瞬で水の泡となってしまう、ひょっとしたら潰れてしまう可能性だってなくはない。そんなことを、子どもながらに自然と感じていた。

だからといって、「悪いことはするな」とか「長男だから家業を継げ」といったようなことを両親から言われたことは、一切なかった。忙しい中でも愛情を持って育ててもらったおかげで、プレッシャーを感じることなく、伸び伸び育った。

学校から帰ると、両親は店で接客しているので、家ではおばあちゃんや従業員さんが一緒に遊んでくれた。アットホームで皆が家族みたいな、まさにファミリー型経営の典型だったと思う。

習い事や進学など教育に関しては、やりたいことをやらせてもらっていた。だからこそ、「家族」や「先祖」は何よりも大切なもの、と小さな頃から思っていた。

オフェンスの祖父とディフェンスの祖母

僕の祖母はしっかり者で、会社のために稼いだお金をガッチリ貯めていた。けれど、戦争の影響で、そのお金が紙切れ同然になってしまった経験があったらしい。

一方で、祖父も結構やり手だった。呉服店の他に旅館業や不動産業をやっていたり、温泉を掘ったりと、その当時の人にしては結構アクティブに多角経営をやっていた。本業の呉服屋が安定していたからこそできたのだろうけれど、地域の貢献のためにとか、人に頼まれて断れなかった、とかもあったんじゃないかと思う。結局、温泉を掘っても出なかったり、貸したお金が返ってこなかったりという手痛い経験をした。

最大のコストは見栄とプライド

そうした祖父母の「お金だけの価値を信じるな」「そんなことにお金を使わなくて良かったよね」という経験を、子孫である僕は教訓にしている。

特に「見栄とプライド」というのは、生きていく上で最大のコストであることは間違いない。僕もさまざまな経験と失敗を経て、その場の勢いやノリ、人に頼まれて仕方なく、といったようなことでお金の貸し借りをしたり、大きな決断をすることはなくなった。

亡くなったおじいちゃんもビックリしていると思うけど、僕は27業種もの新規事業を立ち上げ、「多角化の極み」みたいなことをやってきた。おつき合いとして銀行さんとの取引は少しはあるけれど、基本的に手元にある現金でやってきた。

お金があれば心の余裕が生まれ、意思決定の精度も上がる。家業が貫いてきたお金の教訓は、今でも守るようにしている。

1-4 1027業種の新規事業立ち上げと事業のM&A

僕は広告事業をメインで経営している。他にもSNSの運用事業やコンサルティング事業、デザイン事業、印刷業、発送代行業、アパレル業、不動産業などを運営している。

創業から14年の間に、ルームウェアの通販、焼き肉屋・イタリアンなどの飲食業、SEO対策事業、Wi-Fi設置事業、出版業、コールセンター業など、27業種の新規事業を立ち上げてきた。

「次から次へと、よくやるね」と言う人もたくさんいたけど、複数の事業を展開することこそが、僕にとってリスクヘッジそのものだった。

新電力事業も新規で立ち上げ、売上は順調に伸びていた。ライバル企業が増えはじめた頃に時流を読み、電気の仕入れ価格が上がる直前のタイミングで売却することができた。

カラーコンタクトレンズの専門店を複数店舗まとめて買収したこともある。店舗ごとにシステムを導入したり、コストを削減して利益を出し、アクセサリーやプリクラを導入したりすることで集客を図った。各店舗の業績を改善させたうえで、1店舗ずつ売却することができた。

時代の変化のスピードは年々加速している。そんな中で、一つの事業がダメになったとしても、他にも事業の柱をいくつか分散して持っていれば、サバイブできる確率は各段に上がる。

経験のため小売業をスタート

昔から漠然と「経験を増やすことが、より良い人生につながる」と思っていたこともあって、創業から2年が経ち、広告事業の経営が一区切りついた頃、「小売業」をやろう！　と思い立った。

当時、Webコンサルタントをやっている友だちから、ルームウェアやパジャマの通販は競合が少ない、という話を聞いた。実績のあるWebマーケティングの専門家だったということもあり、ＨＰの作成やおもな商品構成は彼に任せ、社員を数人プロジェクトチームとして配置し、ルームウェア通販の事業をスタートした。

粗利が高いとは言えない、しかも在庫を持たないといけない小売業を始めるなんて、と言う人もいたけれど、やってもいないのに「小売は難しい」という固定観念を持ちたくなかった。僕にとっては、新しい事業をやらないことのほうがリスクだった。

勝ちスタートの「強い商品」

ビジネスをスタートする時は、「入り口がすべて」だと思っている。一つは、**その業界に詳しい専門家とパートナー制を組む**こと。もう一つは、**誰もが欲しがる商材を導入する**こと。だから、Ｗｅｂコンサルタントの専門家をパートナーとして迎え、当時、人気絶頂だったモコモコのルームウェアの仕入れにも成功した。

案の定、商品は飛ぶように売れ、瞬く間に忙しくなった。もちろん通販なので、サイズが違うとか、色が違うといったクレームを受けたり、在庫を置く場所として倉庫を借りないといけなかったり、大変なこともそれなりにあった。

それでも、従業員がよく動いてくれたおかげで、結果的には2年後、他の会社に売却することができた。

営業力の強さが評判を呼ぶ

その後も飲食店を出店したり、さまざまな業種の新規事業に積極的にチャレンジしていった。

従業員が一丸となってがむしゃらに目の前の仕事に全力で突き進み、創業から数年が経った頃、気づけば会社の売上は6億円を越え、利益は1億円くらいになっていた。そして、出版のビジネスもスタートさせた。

当時、ワンコインでランチが食べられるクーポン雑誌が世に出始めた。それは、お客様が雑誌の代金を支払ってお店の割引を受けるという新しいビジネスモデルだった。

うちには元々おつき合いのある飲食店のクライアントさんがたくさんいたので、これは、お店にもお客様にとってもWIN-WINのビジネスだ！　と思って参入した。

この事業を拡大していくには、クロスセルができるような強い営業力が必要だと踏んだ僕は、営業を代行してくれる外部のフリーランス5名と契約を結んだ。すると彼らはものすごくがんばってくれ、社員の2～3倍の契約を受注するという成果を出してくれた。

　彼らのおかげで「シトラスって、ものすごく営業力があるらしい」と評判になった。勢いに乗り、インターンやフリーランスの人を増やし、さまざまな形で会社の新規事業に関わってくれる人を増やしていった。こうした噂を聞きつけて、ＳＮＳの大手企業から、「ビジネス専用のアプリを利用してくれる飲食店を増やしたいので、ぜひ協力してほしい」という依頼がきた。さらに、当時勢いのあったポータルサイトからも代理店になってほしいという話が舞い込んでくるなど、ますます会社として利益が出る結果につながり、気づけば従業員、パートナー、インターンを含め、全国で１００名を超える規模になっていた。

若い社員との価値観のズレ

　知識と経験が豊富な外部の専門家やプロとパートナー制を組み、絶対に売れる強い商品を見つけて導入し、社員とともにプロジェクト型で動いてもらうこのスタイルは、それぞれが持つ能力を発揮でき、個々のパフォーマンスが上がり、結果が出るのも早かった。

そんな中、会社の業績は右肩上がりで成長していたのに、社内ではさまざまな問題が起こるようになった。僕の気づかないところで、挑戦を続けてきた組織に、次第に歪みが出てくるようになった。

経営者として新規事業の経験を重ねることで、新しい知識が身につき、何に注力したら良いのかという見極めがつくようになってきたけれど、僕と従業員との溝は深まり、いつしか会社にいても楽しくない日々が続くようになった。

会社を大きくしていくことこそが自分のやるべきことであり、自分の夢だと思っていた。おこがましいけれど、お客様や応援してくれる周りの人、従業員のために、僕なりにただひたすら、前を向いて走り続けてきたつもりだった。

風通しが良く、アットホームで楽しく和気あいあいとした社風だったけれど、社内の雰囲気は次第に雲行きが怪しくなっていった。それまで大事にしてきたこと、信じてきたことをいったん脇に置き、立ち止まらざるを得なくなった。考え方はもちろん、人生自体を変えなければ生きていけないというほどに、僕は自身の幻想と現実の乖離に打ちのめされていった。

1-5 経験という名の進化をしろ！

経験が「決断」の精度を上げる

人生は毎分毎秒、決断の連続でできている。

例えば、お水を飲むかお茶を飲むか、今日出掛けるか、出掛けないか、どこに行くのか、誰と会うのか、といった小さなことを合わせると、日々ものすごい数の決断をしている。その決断の連続が1年につながり、10年につながり、人生につながっていく。1日で何百回、何千回、何万回と決断していることを、僕はより良いものにしたい。

より良い決断というのは、自分の心に正直に、本能に従って、自分にとって正解だと思うことをしていくこと。決断の精度が上がれば、自分に対する信頼も大きくなり、より充実した未来を生きることができる。

そうした日々の小さな決断を、人は無意識に「直感」でやっている。そしてその直感は、「経験」からきていると思う。生まれてから今までの膨大な経験を踏まえて、「今私はこれをやりたい」「俺はこれを選びたい」「こっちのほうが好き」「こっちは嫌」と直感的に決断し、行動している。

直感の話をする時、僕はよく「虎とライオンってどっちが強いと思う？」という質問する。すると、当然のように虎派とライオン派とに分かれる。「虎のほうがひと回り体が大きいから強い」とか、「ライオンはたてがみがあるから防御力が高い」とか、虎派の人、ライオン派の人それぞれに理由がある。それは、その人が小さな頃から見聞きしてきたことや、図鑑で調べたこと、実際に動物園で見た虎とライオンのイメージや知識、テレビやSNSで見た狩猟シーンの記憶、人から聞いたことなどを掛け合わせて、直感的に判断している。

今までの経験の何百億通りの掛け合わせで直感が生み出されるということは、経験の数が多ければ多いほど、直感の精度が高まり、瞬間瞬間でベストな決断ができるようになる。

経験という名の「進化」をしろ！

時代の変化はますます速くなり、今まで勉強してきたことや経験してきたことが通用しづらい世の中になった。そんな時代をサバイブするのは、一人で無人島に行くようなものだ。今までの経験や知識が使えない状況の中で、臨機応変に経験の数を掛け合わせ、どう生き延びるのかを即座に判断しなければならない。その状況にベストな解をスピーディに出せる自分になっておく必要がある。そのためには、経験の装備と、そしてその経験をミックスさせて加工する力が必要となってくる。経験があればあるほど、後悔しない決断ができ、正解を出すスピードも段違いに速くなる。

進化論のダーウィンが残したとされる「唯一生き残るのは、変化できる者である」という有名な言葉がある。これを僕なりに言い換えると、「経験という名の進化をしろ！」ということ。

もしあなたが今、すでに人生の後半戦を生きているとしても、遅くはない。それに気づいた今が一番若いのだから。

1-6 すべては目減りする

僕が唯一こわだっていることがあるとしたら、それは「未来」について。マインドフリーになるのも、お金を稼ぐのも、あらゆることにリスクヘッジをかけているのも、すべては「好きな時に、好きな人と、好きなことを、好きなだけやりたい」から。未来の自分にそうした選択肢を与え続けたいから。

「死ぬまでにやりたい100のこと」を考える

以前、経営者仲間と「死ぬまでにやりたい100のこと」を出し合う機会があった。その中で、50代の方が「みんな、老後ってどんな風に思っている？」という話をしてくれた。彼は、今の50代は昔と比べたら若いけれど、同年代で集まると大抵、親の介護や自分の持病の話をしている、と言っていた。

僕はその時、「やばい、老後ってすぐ来るじゃん！」とめちゃくちゃ焦った。もっといろんなことをやりたいのに、心身ともに元気で、好きな時に、好きな人たちと、好きなことを、好きなだけやれるのって、60代が限界なのかもしれない。それだと時間が全然足りない！　と思った。

すべては目減りする

生まれたばかりの赤ちゃんはピカピカで、その笑顔を見るだけで誰もが癒され、何もできなくても価値ある存在だとわかる。けれど、年を重ねれば誰でも体力がなくなり、次第にできることが少なくなっていく。若さは生まれた瞬間から目減りしていく。老いは誰にでもやってくるものなので、人間として生まれた以上、避けられないことでもある。

そう考えると、20代で使う100万円と、50代で使う100万円は、価値の高さがまったく違うことに気づく。20歳で旅行やスキルアップ、人脈作りなどに100万円使ったとすると、その経験やそこで得られた知識というものは、人生100年時代とすると、その先の未来80年にわたって活かすことができる。50歳で100万円の自己投資をしても、単純に残り50年にしか使えない。20代と50代の１００万円を比べると、50代のほうが30年分損している、とも言える。

一般的には「何かを始めるのに遅すぎることはない」と言われているけれど、60歳で世界一周したとしたら、長く見積もっても残り20年くらいしかその経験を活かすことができない。けれど30歳で世界一周したら、残り50年間の未来に使える。そもそも、スカイダイビングや、長距離移動を必要とするような過酷な秘境に行くといった経験は、年齢が上がるほど挑戦しづらくなる。

同じように、「失敗」も、その時はヘコんで辛いかもしれないけれど、若い時にたくさん失敗を経験しているほうが、後々の人生に活かすことができる。

時間には「てこの原理」がかかる。時間が過ぎれば過ぎるほど、未来への「てこの原理」はかかりづらくなる。10年後の未来の準備を今することで、最小の労力で最大の価値を手にすることができる。10年後ラクするために、５年後から努力しても「てこの原理」は半分しかかからない。

すべての経験を早くしたほうがいい、と言いたいわけではなく、こんな風に、自分の人生の自己投資や資産になるような経験であれば、若いうちにすればするほど、そこで得た経験や知識が使え、未来の自分をより豊かに、幸せにすることができる。
積み上がった経験は資産であり、未来の自分への投資そのものだと思う。

2章

違和感は心の声

Power To Survive

2-1 従業員と家族になりたかった

創業時から、従業員は「家族」だと思っていた。小さな頃から実家の呉服店のスタッフの人たちに遊んでもらったり、一緒にご飯を食べたりと家族同然の生活をしていた原体験があった。従業員が会社のことを好きでいてくれ、仕事を楽しんでくれることが、お客様にも伝わる。従業員の満足度が顧客満足につながり、結果、売上につながっていくものだと思っていた。

従業員は家族

「チャンスメーカーであれ」というのが僕の会社が掲げているミッション。さまざまな事業に果敢にチャレンジしている会社として、インターン生に人気のベンチャー企業ベスト10に選ばれたこともあった。新卒でもぶっちぎりで成長できる会社、というイメージもあり、野心溢れる若くて元気な人たちが入社してくれた。

従業員には気持ち良く働いてもらいたかったので、会社で好きな音楽をかけるのをOKにしたり、営業のスタッフには、行ってみたいという出張地域の希望を聞いていた。評価制度も社員にアンケートを取るなどして、がんばっている人ががんばった分だけ評価されるように、皆のモチベーションが上がっていくよう毎年ブラッシュアップしていった。

従業員の誕生日には自社の焼き肉屋でお祝いし、従業員のご両親、そしてお子さんの誕生日にはプレゼントも贈っていた。ボーナスの日はアナログだけど、銀行に行ってお金を下ろして新札にし、僕の手紙を入れた封筒とともに手渡ししていた。

社員旅行は、従業員とその家族、アルバイトのスタッフも一緒に沖縄や海外にも行っていた。せっかく皆で行くなら、思い出に残るような楽しい旅にしてもらいたかった。会社のためにがんばってくれている従業員に対して、労いや感謝の気持ちを形として表わしたかった。

従業員のおかげで会社は10年連続、増収増益を果たすことができていた。勢いに乗った僕は、さらなる拡大を目指し、社員を増やし、大きくて見栄えの良いオフィスに引っ越しをした。

年に一度、全国のスタッフに東京に来てもらい、会社が経営するイタリアンの店で、成績優秀者や貢献してくれた人を表彰するアワードも開催していた。当時僕は六本木ヒルズに住んでいたので、最上階のフロアを借りて、社員や家族や取引先の方々を呼んでクリスマスパーティーもしていた。

小手先の果てに見えた「違和感」

会社のこうした取り組みを喜んでくれ、がんばって結果を出してくれる人もいた。でも、どれだけ鼓舞しても、反応の少ない人もいた。僕が勝手に良かれと思ってやっていたことが、彼らにとってはむしろ逆効果だったこともあった。次第に僕はこうしたことに、強烈な「違和感」を持つようになった。

従業員のためだと思ってやってきたことは、僕のエゴだったのではないか。社員教育も評価制度も福利厚生も、彼らを喜ばせるテクニックにすぎなかったのではないか？

と思うようになった。

多くの人にとって、仕事で人からしてもらって良かったことや嬉しかったことがモチベーションになるのはほんのわずかな期間。対して、人からされて嫌だったことやネガティブなことというのは少しずつ蓄積していき、ある時爆発する。

僕が良かれと思ってやっていたことは、すべて小手先のテクニックにすぎなかった。

小手先の経営をやり尽くした結果、僕は自分に向き合わざるを得ないところまで追い込まれていった。

2-2 価値観は1秒ごとに変化する

会社に対するネガティブな話を他の社員に吹聴したりする人が出てくるようになった。営業と称して遊びに出掛けていたり、無断欠勤をしたり、店の備品を持ち帰ったり、壊したりするようなことも起こるようになった。僕の能力不足から、現場の問題にすぐに気づけず、しばらくした後、知ることになった。

従業員は家族

僕は「従業員と家族になりたい」、そう思っていた。だから、おこがましいけど仲の良い関係でありたかった。でも、会社の人間関係は、すでにとても家族とは呼べない状態になっていた。

問題を起こした奴なんか辞めさせればいいのに、と言われたりしたけれど、僕は「家族」を失いたくなかった。こんなことが起きていても、売上を上げ、会社の規模を拡大して成長していくためには仕方のないことなのかもしれない、と諦めに近い気持ちでいた。

自分の弱さに気づかないフリをする

会社の朝礼で理念を皆で唱和したり、営業に出かける人には「いってらっしゃい」「お帰りなさい」などと、従業員同士の挨拶を大事にしていた。箸の持ち方や食べ方などの礼儀やマナーも大切だと伝えていた。従業員という名の家族が人として成長するために、会社がもっと良くなるために、もっと業績を上げて社会に貢献できるように、社会人としての教育をするのは、経営者としてやるべきことだと勝手に思っていた。

従業員に会社の理念を浸透させ、同じ方向を向いてもらうために、「仕事の中に自分の人生がある」「仕事を通して成長してほしい」と思っていた。

そんな僕の「ザ・昭和の社長」的な価値観は、今思えば若い従業員に全然刺さっていなかった。それどころか、嫌な思いをさせてしまっていた。

1億から10億、10億から30億、30億から100億と、会社の規模を大きくしていくことが経営者の仕事であり、目指すべき姿だと信じて疑わなかった。それが経営者の常識だと思っていた。新しい事業を立ち上げ、人を増やし、店を増やし、売上や利益を増やし続けていくことこそが「社会への貢献」だと思っていた。

でもいくら売上が上がっても、僕は全然幸せではなかった。むしろ、なぜこんなにがんばっているのに辛いんだろう、と感じていた。

でも、そう感じているにもかかわらず、自分の悲しみや違和感に気づかないフリをしていた。そんな弱さを見せることは、経営者としてカッコ悪いこと、恥ずかしいことだと思っていた。

世の中の価値観は1秒ごとに変化する

今の若い人たちは、多様性のある価値観やライフスタイルの中で育ち、生きている。人によってさまざまだけど、彼らにとっての幸せは、素の自分で生きること、好きなことをすること、無理をしないこと、コスパ、タイパを重視すること、プライベートを充実させることであるように見える。

生まれた時からインターネットやＳＮＳがあって、膨大な情報や価値観の洪水を浴びながら、自分にとって必要なものを取捨選択する能力に長けている。また、小さな頃から競争で勝つことよりも、一人一人の個性や能力を尊重し、周りと調和していくことが大事、という教育の中で育っている。良い大学に行かなくても、良い会社に就職していなくても、自分たちが好きなことや得意なことをやって、自分らしく、自分のペースで幸せそうに生きている人たちがいくらでもいることを知っている。

だから、僕たち世代が、年上の先輩たちに教えてもらってきた**「仕事の中に人生がある」という価値観を、彼らに押しつけることは難しい**。

もちろん、仕事をバリバリやりたい、仕事で成長して稼いで成功したい、という人だっているだろうけど、多くの若い人は、仕事は人生をより豊かにしてくれる要素として捉えている。同時に、家族や仲間と過ごす時間や自分の趣味に使う時間をとても大切にしている人が多いように思う。これは海外の人たちからも同じことを感じる。

世の中の価値観や常識は、世界82億人の集合的無意識が作り上げているものであり、それは一秒ごとに変わっていく。ＳＮＳの台頭によって、82億通りの価値観が日常に溢れ、日々流れては消え、新しいものが生まれ、循環していく。

彼らとの価値観のギャップ、僕が感じていた違和感はここにあったんだ、とようやく理解することができた。

自分の内面と向き合う

僕は、自分のエゴで従業員を変えようと一生懸命だった。けれど、変化のスピードが尋常ではない速さで進んでいる今、自分を変えたほうがよっぽど早いことに気づいた。仕事一筋の生活だったけれど、自分が本当にやりたいことや、自分にとっての幸せってなんなのかを考え、ただひたすら、自分と向き合っていった。会社の売上や規模を拡大し続けていくのも大事なことだけれど、少し立ち止まろうと思った。そして、本当に自分のやりたいことや幸せだと思うことを探求していきたいと強く思うようになった。

2-3 3Sミッションで人生を動かせ！

自分を見つめ直す中で、「僕の人生の幸せってなんだろうか？」と考えるようになった。自分の本当の気持ちに向き合い、バージョンアップさせ、進化していかないと、価値観の大きな変化の波についていけない、という危機感もあった。

「違和感」をキャッチして、「言語化」する

それから意図的に、今自分が何を考えているのか、何を思っているのか、といった感情を言葉にして、それらをメモしていった。

僕はしゃべるのは得意だけど、それを文章にする作業が苦手だったので、会話を通して僕の考えを整理したり、別の言葉で言い換えてくれたりする、専門知識を持つプロのライターをつけた。一時は10人ものライターにお願いし、徹底的にその時に感じていた

モヤモヤや違和感がなんなのかを掘りまくっていた。

当時はそれくらい切羽詰まっていたし、お金と時間をかけてもいいから、自分が感じる違和感が一体どこからくるものなのか、本当はどう思っているのかにどうしてもたどり着きたかった。

言葉で表現しづらいモヤモヤとした違和感をキャッチし、「なんで今そう思った?」「本当にそう思っている?」という質問を繰り返しながら内観し、それを言葉にして、ライターにまとめてもらうことで、徐々に本当の自分の気持ちに気づけるようになった。

3Sミッションの誕生

そこで、「3Sミッション（死ぬまでに・知らないことを・少なくする）」という言葉が生まれた。まさかの日本語なんだけど、頭文字が全部「S」だから「スリーエスミッション」。

14年前に会社経営を始め、さまざまな新規事業を立ち上げていく中で、「経験」の数を増やすことが、自分にとって何よりも重要なことだとわかった。経験はすべてを作り出す基礎であり、直感を研ぎ澄ませてより正確で合理的な決断をするために必要不可欠なもの。

3Sミッションという言葉が生まれた時、ものすごくしっくりきた。「そう！　僕は3Sミッションで生きてきたんだ！」とめちゃくちゃスッキリした。

自分がずっと大事だと思ってきた「経験の数を増やすこと」を「3Sミッション」という言葉として言語化したら、人生が前を向いて自走し始めた。365日ホテル暮らしも、もちろんこの3Sミッションを遂行するためにやっている。

僕たちは、普段あまり意識することなく言葉を使っているけれど、「言葉の力ってものすごいぞ！」と実感した。3Sミッションと言語化できたことは、僕にとって本当に素晴らしい発見であり、経験だった。言語化によって、僕は救われた。

言語化 File 1　３Ｓミッション

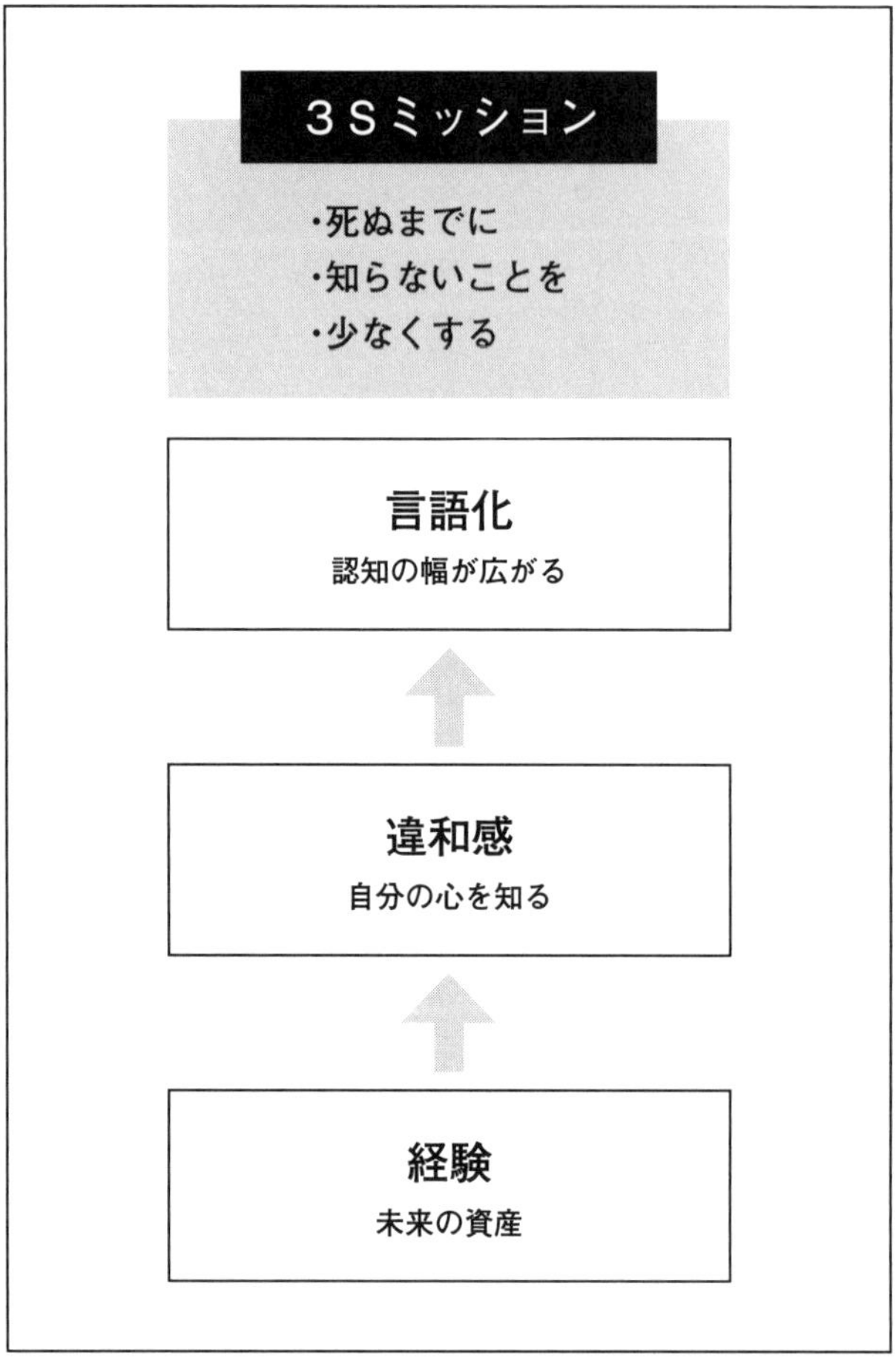

2-4 「利己的利他」と「犠牲的利他」

違和感を磨き、言語化していくと、どんどん本質や世の中の理（ことわり）が見えてくる。その中で、**「仕事の中にこそ人生がある」と思っていた僕と、「仕事は人生をより良くするもの」と思っている若い従業員との決定的な違いは、「利己的利他」で生きているか、「犠牲的利他」で生きているかの違いだった**、と整理がついた。

「利己的利他」は人の幸せにつながる

「利己的利他」は、僕が言語化した言葉なので、説明が必要だと思う。

一般的に「利己的」とは「自分勝手で相手のことを考えていない」という、ネガティブな意味で使われる言葉だと思う。そして「利他」というのは、「他人の利益となるよう図ること」という意味。一見相反する言葉をくっつけただけのように見えるけど、

「利己的利他」というのは、「自分の利益の延長線上に、人の幸せがある」という意味で、自分が楽しくあってこそ人を幸せにできる、というポジティブなメッセージを持つ言葉。若い人はこれを自然とやれている人が多いと感じる。

利己的イコールワガママ、という印象を受けるかもしれないけど、本当は違う。結婚式などで行なわれるシャンパングラスをピラミッド状に積み重ねて、その上からシャンパンを注ぐセレモニーに例えて使われる「シャンパンタワーの法則」というのが一番イメージに近い。シャンパンの一番上である自分自身のグラスが幸せという名のシャンパンで満たされることで、二段目、三段目と流れて行けば、家族、従業員、お客様、取引先、地域社会と、一番下のグラスまで自動的に満たされていく。自分で自分のことを幸せにする余裕がなければ、人を幸せにすることなんてできるわけがない。会社を大きくしようと思っていた頃の僕は、自分のグラスは空っぽのまま、枯渇していることにも気づかず、二段目、三段目のグラスを満たすことばかりに必死だった。

「犠牲的利他」は日本の美徳

「犠牲的利他」というのは「利己的利他」の逆で、「自分の利益を顧みず、人のために尽くすことが幸せにつながる」といった、いわば自己犠牲的な生き方のこと。

例えば「家族のために男は稼がないといけない」もそうだし、「母親は、夫や子供に尽くさなければならない」もそう。「自分より相手を優先させて生きることこそが美しい」とされた、日本に古くからある美意識や価値観は、まだ世の中に根強く残っている。

でも、人の幸せのためを思って自分を犠牲にしたって、次第に相手も辛くなって、長続きしない。

時代は「利己的利他」へとシフトチェンジしている

利己的利他で生きることや、犠牲的利他で生きることが良いとか悪いとかをジャッジしたいのではない。世の中の価値観が大きく「利己的利他」へとシフトチェンジしているのであれば、その変化に合わせ柔軟に考えを変えていったほうが、もっとラクに生きられる。

自己中心的に生きろ、人に迷惑をかけてもいいから自分の「欲」を優先しろ、と言いたいのではない。利己的利他とは、自分の本当の気持ちに気づき、その心を大切にしてあげること。それは巡り巡って、シャンパンタワーのように周りの人にも良い影響を及ぼしていく。

違和感は心の声

もちろん、努力・根性・忍耐を大事にするのもその人の生き方なので、否定するつもりはまったくない。価値観や美徳は人それぞれ違うものだし、1秒ごとに変化していくものなので、どれが良いとか悪いとかはない。

ただ、**どんな人でも、自分の役割や稼ぎや売上をいったん取っ払って、「人としてどう幸せに生きるか」ということを立ち止まって考える時間を持つことは、とても大事なことだと思う。**

世間の常識や美徳に引っ張られつつも、「自分は本当に自分の人生を生きているんだろうか?」と疑問を持つことは誰にだってあると思う。そうした違和感に気づいたら、少し立ち止まって、大切な自分のために時間を作り、自分自身と向き合ってみてほしい。

違和感の声は本当に小さいし、常識や固定観念に潰されやすい。だからこそ、忙しさを言い訳にして、違和感を感じても見て見ぬフリをしたり、感じたこと自体をスルーしてしまうのはもったいない。違和感は、紛れもない自分自身の本当の心の声なのだから。

言語化 File ❷ 利己的利他・犠牲的利他

犠牲的利他	利己的利他
～しなければならない （must）	～したい （want to）
こうあるべき・ ～するべき	してもいいし、 しなくてもいい 自分のタイミング
～ねばならない	なるようになる
昔の常識 今の非常識	昔の非常識 今の常識
昭和的価値観	令和的価値観

2-5 平成ボーダーライン

僕が仲良くさせてもらっている人の中には、ベテランの60代以上の経営者の方もいるし、同世代、そして20代の若い起業家もいる。大企業の社長から老舗の会社の3代目、若い会社員や専業主婦まで、幅広い世代、職業の人たちの話を聞く機会がよくある。

膨大な数の相談に乗る中で、「利己的利他」で生きているのか、「犠牲的利他」で生きているのかを分ける年齢が、だいたい35歳くらいだと気づいた。

なぜ35歳なのか不思議に思ったけれど、35歳はちょうど昭和から平成に年号が変わった時。年号でパキッと分かれているので、その境目のことを「平成ボーダーライン」と言語化した。平成ボーダーラインを分岐点とし、昭和生まれ（旧世代）か、平成生まれ（新世代）かで、価値観は大きく異なる。

旧世代の価値観をアップデートする方法

僕は旧世代の年齢だけど、プライベートでも新世代の友だちがたくさんいる。それは、僕が「犠牲的利他」で生きるのをやめ、「利己的利他」で生きていているから。そして、新世代の話を否定したりジャッジしたりせず、何かを強要することをしないからだと思う。新世代が旧世代の上司に相談しても、「男だったら稼がないといけない」という正論を振りかざされたり、世の中ってこうだからと、一昔前の常識を押し付けられてしまうことが多いと聞く。

とはいえ、旧世代が新世代の価値観を知り、その考えに寄り添う、というのはなかなか大変なことだと思う。自分の価値観を変えるって、自分がやってきたことや成功体験をいったん疑わないといけないので、僕もメチャクチャ難しかったし、苦しかった。新世代の従業員と話をしていても、「マジで？　そんな捉え方しちゃってたの？」とビックリしたし、「それで僕の話が通じてないわけだ」と、後でわかったことも数えきれないぐらいあった。

でもこれも、互いに感じる「違和感」を、「どうしてそんな風に考えるの？」「なんでそう思ったの？」と話し合うことで、それぞれの価値観の違いに気づける。新世代に無理やり合わせてくださない、と言いたいのではなく、価値観の違いをお互いが知り、共感はできなくても共有し、歩み寄れれば尊重し合えるし、許すことだってできる。

そんな風に今思えるのは、僕もたくさん傷付き失敗したからこそ。その傷付いた経験を、こうして「平成ボーダーライン」と言語化することで、世代間のギャップに直面した時に、頭の中で整理がつく。「最近の若者は」という曖昧なニュアンスで相手をジャッジするのではなく、「平成ボーダーライン新世代の若者って、全然違う価値観で生きているな」ということが認知できれば、お互いにいい関係が築ける。

旧世代にとっても、新世代の考え方を知り、それにアジャストしていくほうが、ストレスフリーになり、生きやすくなる。

言語化 File ❸　平成ボーダーライン

	昭和 生まれ	1989年 平成元年	平成以降 生まれ
呼称	旧世代 （昭和生まれ）		新世代 （平成以降生まれ）
価値観	犠牲的利他		利己的利他
主義	組織主義	平成ボーダーライン	個人主義
スタンス	こだわり・相手に期待 強要・支配・愛		自然体・自分次第 委ねる・選択・自由
判断基準	意識が他人に向いている （他人軸）		意識が自分に向いている （自分軸）
SNS	Facebook・ Instagram		Instagram・ BeReal・TikTok
お店選び	ポータルサイト（食べログ・ HOT PEPPERグルメ）		TikTok・Instagram・ Googleローカルガイド

平成元年を境に、価値観の軸が大きく異なる

※著者個人の見解です

Q1 Ans.

（40代女性経営者からの質問）年上の男性経営者や取引先の方々から「お金は汗水たらして稼ぐもの」「成功したければ寝る間も惜しんで働け」といったアドバイスをいただきます。私も昭和世代ですが、最近の風潮にそぐわないこともあって、そのまま受け入れることができません。近くにそういう人がいるとそちらの価値観に引っ張られてワーカホリックになりがちで、モヤモヤします。

違和感は「変化の兆し」でもあるので、相談者さんがモヤモヤするのは、より良く前進している証拠。

まず、「稼ぎ」と「時間」と「努力」は、昔とは違い、結びつけにくい時代になったということが前提にある。がむしゃらに時間を使う前に、ビジネスの「核」となるものをいかに見つけるかが大事だ。

生産性が低く、努力の方向が違うことに時間を使うことは、成果を生まないどころか、「これだけ努力したのだから」と自分への言い訳にすることができる。もしかしたら、相談者さんは緊急で重要なことばかりに、日々時間を費やしている可能性があるかもしれない。まずは、緊急ではないけれど、自分にとって重要な「核」はなんなのかを、今一度ご自身の胸に聞いてみてはどうだろうか。それこそが結果的に、2年後、3年後の未来、時間にとらわれない働き方を実現することにつながるだろう。

僕の知り合いの成功している女性経営者の方たちは、仕事も家庭も遊びも全力で楽しんでいる。働く時間は短いほうがいいと思っているようで、趣味の時間を増やしたり、海外のパワースポットやジャングル、世界遺産に行ったりすることに時間をかけている。初めてのことや楽しいこと、時には大変な目に遭うことで気づきを得て、ビジネスの新しい発想や可能性を生み出している。それをただの遊びやサボりと取るのか、ビジネスをより飛躍させるために必要な時間と取るのか、人によって捉え方はさまざま。

あまりにも仕事で忙しくしていると、そうしたことを考える余裕すら持てないので、まずは自分にとって何が大切かを考える時間を作ってみることを勧めたい。

モヤモヤしながらもその場にい続けるということは、居心地が良かった証拠。そうした取引先や関係者の方々と距離を置きたい、あるいは取引先自体を変えたい、新規事業を始めたい、今の事業をやめたい……といった「変化の兆し」かもしれない。自分を責めるのではなく、「どこかおかしい」と、違和感を感じている自分自身のことを信じてあげて良いと、僕は思う。

3章

言語化は認知の鏡

Power To Survive

3-1 言語化は認知の鏡

さまざまなことを経験していく中で、良い経験もあれば、もちろんイマイチな経験、やらないほうがよかったと思うような経験も出てくる。けれど、それもまた経験。経験が積み重なっていくことで、自分の能力は確実に上がっていく。

3Sミッションをやっていると、「おもしろい企画があるから、ショウちゃん一緒にどう?」と声をかけてもらえたり、知らない人からも「いつもYouTube見ているよ!」と応援してもらえるようになった。

こんな風に周りの人たちから応援されていると、徐々に会ったことのない経営者の方からも、「君があのネオホームレス、3Sミッションとかいう旅人か! 聞いたことあるよ」と認知してもらえるようになった。

言語化することの重要性

自分の中に芽生えたモヤモヤとした違和感を、言語化する。言語化すると、その違和感を言葉として認知できるようになり、認知できるようになると、おもしろいように人生が変わっていく。

僕はよく、「フランス人の肩こり」を例に挙げる。フランス語には、打撲や筋肉痛のように「肩が痛い」という表現はあるけれど、「肩こり」という言葉がない。だから、フランス人は「なんか肩が重いな」という感覚はあるとは思うけど、「肩こり」自体を認知できない。日本人同士だったら、「肩こりがひどくて」と言うと、「わかる〜！　しんどいよね」となるのに。そして、今日は肩がこっているなと思ったら、マッサージや整体に行って解消することだってできる。

このように、「肩こり」と言語化することで認知できるようになると、人は自分の考えを周りに伝えやすくなったり、共感してもらいやすくなったり、問題の解決がしやすくなったりする。

言語化で未来が変わる

きっとあなたの周りにも、身内だけでなく、同僚や友だちなど、いろんな応援団が存在している。けれど、彼らがあなたを応援するための「言葉」がなければ認知できず、何を応援していいのかがわからない。この人は何をしたい人なのか、何を目的にしていて何を達成したいのか、言語化して形にすることで認知され、さらにそれを発信することでますます応援され、自分の未来が変わっていく。

言語化は認知の鏡であり、逆もまた然り。自分がどういう人間であるのかを深く知ったり、自分のやっていることを人に認知してもらいたければ、言語化していくことが必要不可欠となる。

言葉がないと認識できない

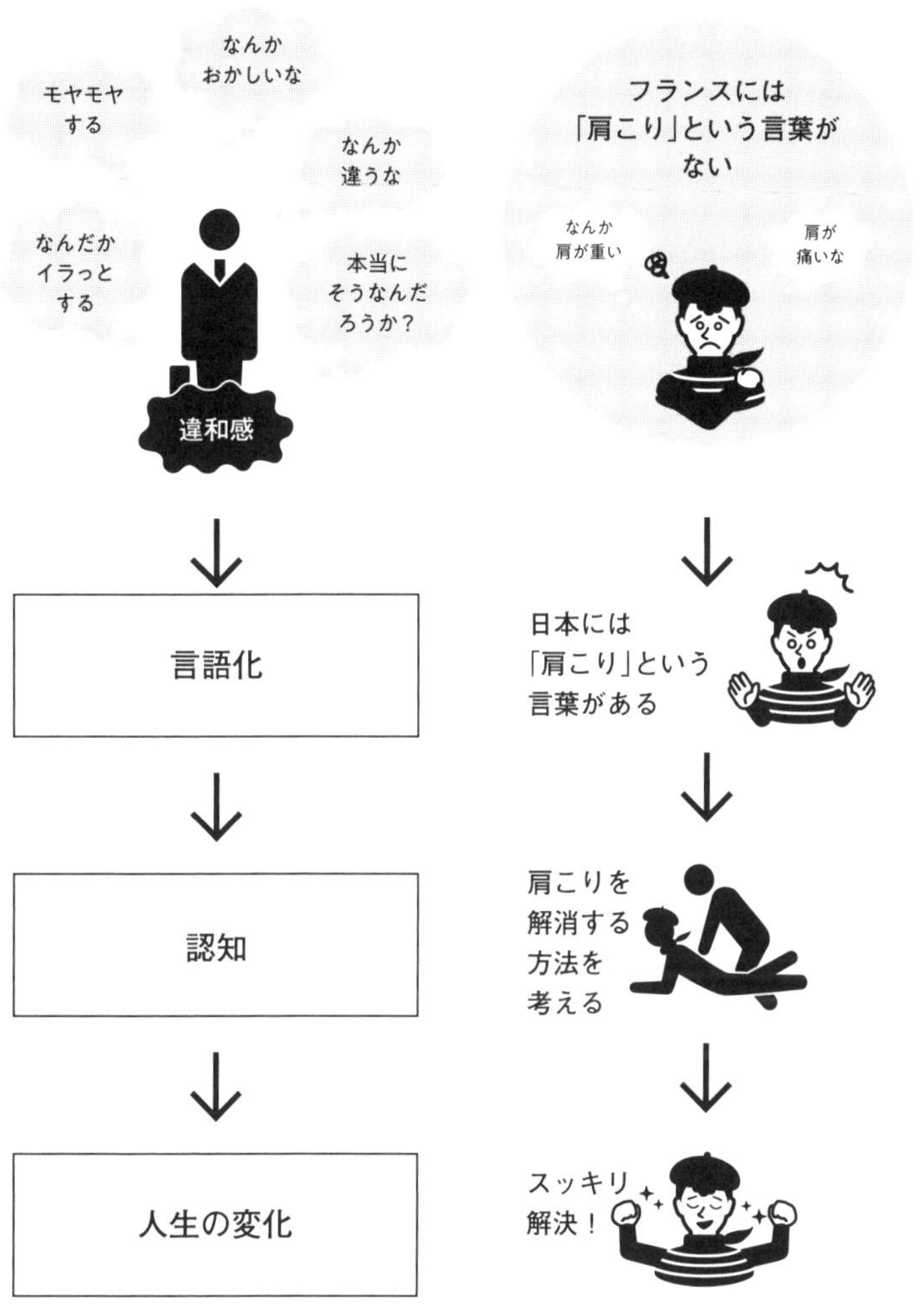

3-2 直感は外れるが、違和感は外れない

経験の数を増やしていくと、「なんかモヤモヤするな」とか、「なんか嫌だな」と感じることも増える。人間は、実に1日に6万回も思考しているらしい。僕は言語化の大事さに気づいてから、そうした日々の「モヤッとした感情」や「あれ、なんかおかしいな?」という「違和感」をキャッチし、深く掘り下げて考えるようにしている。違和感には、お金や時間、人脈、情報が、山のように眠っているからだ。

ナイジェリアで「型」に気づく

先日、経営者仲間とナイジェリアに行った。ナイジェリア最大の商業都市ラゴスには、マココという世界最大規模の水上スラムがある。そこには元気いっぱいな子どもたちがいた。皆でお金を出し合って小学校に寄付したら、子どもたちは泣いて喜んでくれ

た。

一緒に行った人たちは、「日本より、ナイジェリアの子どもたちの笑顔のほうが純粋で、貧しい暮らしをしていてもすごく幸せそう」と言っていた。僕ももちろん元気な子どもたちの姿を見てすごくかわいいな、ピュアだな、と思った。けれど、帰りの飛行機の中、「本当にそうなんだろうか?」と湧き上がる違和感を見つめていた。

ナイジェリアのスラム街で暮らす子どもの笑顔と日本の子どもの笑顔は、同じくらい無邪気でかわいいものなんじゃないか? 時間とお金を掛けて海外に行ったから、海外の良い所を見つけて、海外はやっぱり勉強になるよねと言って、学校訪問や寄付など、自分のやったことが意味のあることだと思いたかっただけなんじゃないだろうか。

僕自身が、ナイジェリアまで行ったんだから「良い刺激を受けないといけない」「良い経験をしないといけない」との、「~すべき」という「型」に囚われていた。

義務化虚像リスクの正体

「豊かな国から来たのだから、何かをしてあげなければならない」「子どもの純粋さに感動しなければならない」といったような、「義務(役割に応じて、道徳上行なわなければならないこと）」と「虚像（実際とは異なる、作られたイメージ）」がバイアスとなり、自分が本当に思っていることや感じていることを捻じ曲げてしまうことを、僕は「義務化虚像リスク」と言語化した。

経営者なら、サラリーマンなら、父親なら、母親なら、子どもなら「こうすべき」、「～しないといけない」といったような、世間一般ではこうだという「常識」やその人が持つ「役割」といった「型」は、自分の本当の気持ちや本質を遠ざけてしまう要因となる。

「～すべき」という型を破る

海外に行くと、日本の常識では考えられないような場面に出くわすことが多々あるので、「型」を見つけやすい。そしてその「型」を外すためには、やはり自分の中の「違和感」をスルーせず受け止めていくことが大事になってくる。「それって本当なのかな?」と常識を疑い、徹底的に違和感を磨き上げていく必要がある。**直感は外れるけど、違和感は外れない。**

「○○だから～すべき」「～ねばならない」と思った時、これは「義務化虚像リスクかもしれない」とまず気づくことが最初のステップ。有名人に言われたから、社長が、上司が、先生がこう言うから「〜すべき」ではなく、「なんかモヤモヤするな」と思ったら、その違和感を大事にして、「それって本当かな？」と自分に聞いてみる。すると多くの場合、「それは違う」や「自分の本当の気持ちではない」ということが見えてくる。

義務化虚像リスクだと気づいたら、自分を縛っている常識や役割を少しずつ手放し、捨てていく。すると自分に優しくなれる。そして自分に優しくなれた分だけ、周りの人にも優しくすることができる。

自分が「こうしなきゃダメだ」と思っていた常識やルールを平気で破って楽しそうにしている人を見ても、腹が立たなくなる。余計なものを捨てた分だけ心のキャパシティが広がり、不思議と良いことが巡ってくるようになる。

「経営者とはこうあるべき」「社員にはこうするべき」という考えを手放し、周りからどう見られるかといった見栄やプライドを捨て、ホテル暮らしを始めてしばらくした時、僕はシンプルな世界に生きていることに気づいた。自分の違和感を静かに見つめ、それを磨けるようになった時、自分を大切にできていることを実感した。今まで自分の心に嘘をついてきた分、本当の意味で自由になれた。

言語化 File 4　義務化虚像リスク

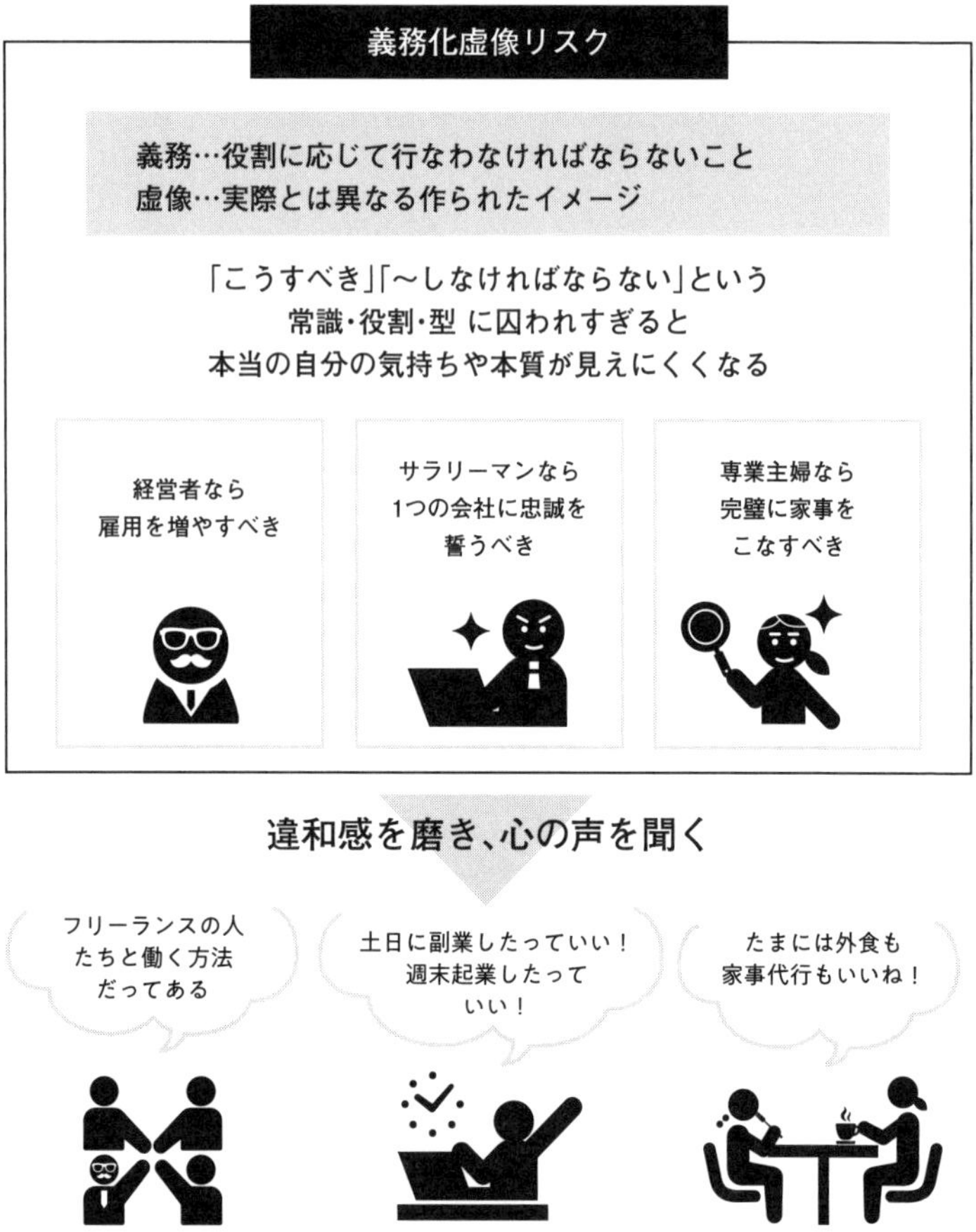
義務化虚像リスク
義務…役割に応じて行なわなければならないこと
虚像…実際とは異なる作られたイメージ
「こうすべき」「～しなければならない」という
常識・役割・型 に囚われすぎると
本当の自分の気持ちや本質が見えにくくなる
経営者なら
雇用を増やすべき
サラリーマンなら
1つの会社に忠誠を
誓うべき
専業主婦なら
完璧に家事を
こなすべき
違和感を磨き、心の声を聞く
フリーランスの人
たちと働く方法
だってある
土日に副業したっていい！
週末起業したって
いい！
たまには外食も
家事代行もいいね！

3-3 自分を守る期待値調整

僕は常にマインドフリーで、精神的にもストレスフリーで生きていたい。けれど人は他人に対しても、自分に対しても、期待をしたい生き物なのだと思う。僕は総じてこの**「期待」というものが、ストレスを生み出す元凶**だと思っている。

期待値インフレの国、日本

世界各国を旅してきたけれど、日本は「おもてなし」の国だから、接客やサービスに求められる期待値はものすごく高いと思う。「これだけ高いお金を出したんだから、このくらいのサービスをしてくれて当たり前でしょ」と思ってしまう空気が、どうしたってある。

だから、その「期待」が裏切られると、イライラしてしまったり、ガッカリしたり、腹が立ってしまったりする。

僕は期待が裏切られた時のストレスに、ものすごく弱い。高級ホテルやレストランに行くことも、もちろんあるけれど、コスパの良いホテルや赤ちょうちんの居酒屋のほうが、あまり期待していないからこそ、期待以上の接客やサービスが受けられた時、サプライズみたいな感覚でものすごく嬉しくなる。そうしたお店には積極的に友だちを紹介するなどして応援している。

お互いに期待値を上げすぎない

「怒り」という感情は、三層構造でできていると思う。「怒り」の下に「悲しみ」の感情があり、その下に「期待」がある。期待するから、その通りにならないと悲しい。そして腹が立つ。期待を怒りで伝えるから、モメてしまう。

「人」に対しても過度な期待をしなければ、イライラしないし、ストレスも溜まらない。振り返ってみると、僕は従業員に対して、ものすごく期待をしていた。勝手に相手への期待値を上げ、それが期待通りではなかった時、怒りが湧き、勝手に傷ついてしまっていた。

僕自身、以前はクライアントに対して、「うちと手を組んだら集客できます」と期待値を上げていた時期があった。でも、そうして自分への期待値を上げすぎてしまうと、かえってその後のフォローやメンテナンスに時間を取られてしまうことがあった。

なぜ期待値を上げてしまうのかという違和感を掘ると、それは自信のなさからくるものだとわかった。お金や時間、心の余裕のなさが自信のなさにつながり、自信がないからこそ、必要以上に自分を大きく見せようとしてしまう。

会社でも、取引先でも、家族でも、「期待」というものは、人間関係を長く続ける上で、お互いに上げすぎないことが大切だと思う。

「期待」は行きすぎると、自分の要求に応えることを相手に強要するという「支配」につながる。そうした意味で、期待を手放すと自分がラクになるだけでなく、相手もラクになる。期待ではなく、それを「応援」に変える。これが信頼関係を保つことにつながり、何より自分の心を守ることにもつながる。

人に期待しなくていい組織づくり

こうした経験があったからこそ、従業員に期待という負担をかけないように、僕は従業員だけではなく、プロや専門家と一緒にパートナー制で仕事をしている。それぞれの業種・分野でプロジェクトが動いているので、たとえ一つが途中で頓挫したり、人のトラブルがあったり、失敗に終わったとしても、「別のことに注力すればいいや」と思える。そんな状態を作っておくことが、自分の心を守ることにもつながる。

人が辞めたいと言った時、気持ちよく送り出せる状態を作っておくことが、組織作りにおいては大事なことだ思う。

事実、平成ボーダーライン新世代の経営者の中には、社員ゼロで全員フリーランスの会社経営をしている人が増えてきている。

言語化 File 5 期待値調整

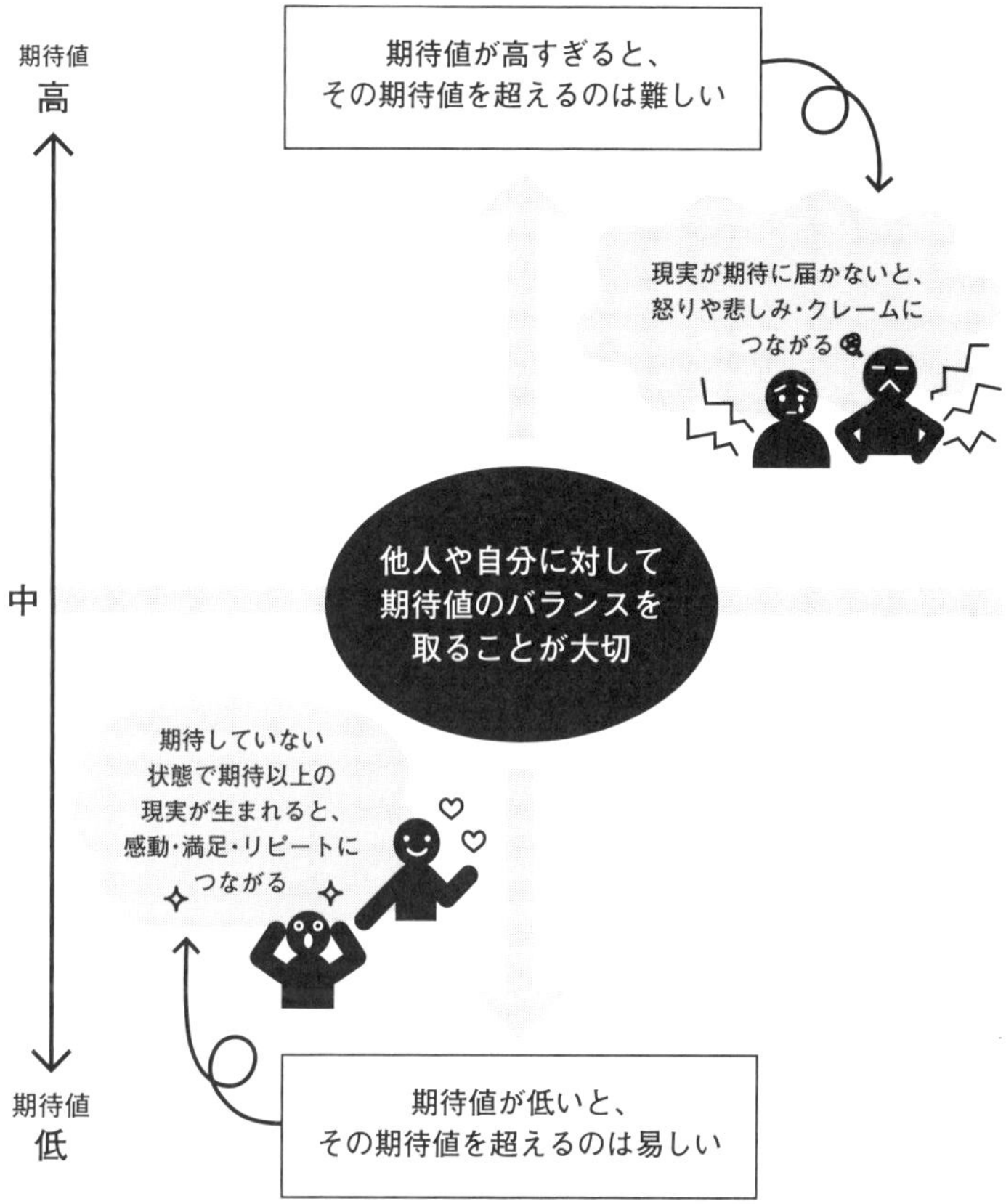

3-4 緊急ではないが重要なこと

先日、仲良くしていた友人が不慮の事故で亡くなった。数十億円規模の会社をしていた先輩経営者で、僕にとっては数少ない自分から飲みに誘えるような、会うと安心する、大好きな人だった。何かをお願いしたら、どんなことでも絶対に否定せず、「いいよ」と言ってくれるような、誰にでも慕われる優しい人だった。彼に仕事をお願いしたこともあったし、中国にもインドにも一緒に旅に行った、本当に大切な友だちだった。

一番の理解者を失う

彼と僕は、本当の自分の幸せや、求めているものが似ていた。だから気が合ったし、僕も彼の前では弱さを見せたり、甘えることができた。自分の違和感に気づくことの大切さ、そしてそれを深掘りして言語化し、認知していくことの重要性を一番理解してくれていた人だった。僕のほうが年下なのに、「いつも刺激をもらっているし、ショウちゃんのおかげですごく変われた。俺にできることがあったら、なんでも言ってよ」と言ってくれていた。

昔の僕と同様に、平成ボーダーライン旧世代の彼は長年、会社の規模を大きくすることを目標にしていた。従業員数を増やし、事業の拡大にひた走ることで、実際にどんどん会社は大きくなっていった。しかし、ある時点で「どこか無理をしているかもしれない」「このまま会社を大きくしていくことが、本当に自分のやりたいことなのだろうか?」という違和感を持ち始めた。人生の後半戦をどう生きていきたいのか、ということに真剣に向き合っていた。そして、以前から温めていた、自分の本当にやりたいビジネスをスタートさせ、ワクワクしながら挑戦していた。そんな矢先、彼は突然いなくなった。

来世でまた会える

お葬式では、「なんでこんなに早く逝ってしまったんだ」と悔しさを滲ませている人もいたが、僕は悲しくなかった。なぜなら、彼と会う時はいつも全力で向き合ってきたからだ。

僕は彼のことが大好きだった。彼には本当に良くしてもらったし、たくさんの思い出をもらった。だからこそ、彼と会う時はいつも「恩返しをしたい」という気持ちだった。彼の話もたくさん聞かせてもらったし、彼がおもしろいと思ってくれるようなことを常に話すようにしていた。

「もっと生きてほしかった」「もっと一緒にいたかった」というのは、相手に対しての「期待」だと思う。

僕も含め、人間は生まれてきた以上、いつかは死を迎える日がやってくる。だからこそ、日頃から自分や家族、周りの大事な人がいついなくなっても後悔しないような生き方や、向き合い方をしていくことが大事だと思う。

もちろん僕も、今世でもう彼に会うことができないと思うと、寂しい。彼の新規ビジネスのタネを探しに一緒に香港に行き、現地で調査をしたり、朝までお互いの夢を語り合ったりしたことを思い出すと、今でも胸が熱くなる。でも、今の人間関係、友だちとのつながりには、偶然の一致という言葉では片づけられないような「縁」というものがあると思っている。

3Sミッションをやっていく中で、前世や来世がないと説明がつかないようなことを数多く経験してきた。だから、僕の死生観では「来世でまた会える」とわかっている。僕が魂の修行を積めば積むほど、彼とはまた必ず来世で会えると信じている。

緊急ではないが重要なこと

慌ただしい日々の中で、仕事に忙殺されていると、自分の心の声である違和感に気づくことができない。違和感を無視して、目の前にある緊急だけど重要ではないことばかりに時間を使っていると、次第にストレスでいっぱいになる。「すぐに対応を迫られる緊急なこと」は、状況に応じてやらなければならない。けれど、「緊急ではないが、自分の人生の目的を達成するために重要なこと」を無視し続けていると、病気やケガ、トラブルといったことが起こるようになり、ますますストレスが増える。時間に追われていた時の僕もこれを経験した。

だからこそ、自分が感じている違和感に気づき、それを掘って言語化していくことを、最重要なこととして位置づけている。毎月2回、しっかり腰を据えて話せる場所と時間を確保し、２人のライターと会話しながら違和感を見つめ、自分の考えを整理する作業を続けている。

　違和感を掘るのは、未来の自分を生きる準備そのもの。僕も最初は、この違和感を掘っていった先に何があるんだろうと思っていた。地味な作業だけど、自分に向き合うにはパワーがいる。自分が見たくないダメなところやクズなところも見ないといけないから結構しんどかったりする。だけど、こうした自分の未来を見据えた行動をしていくことこそが、サバイブする力に直結していく。僕は彼の死を経験したことで、それを確信した。

■｜言語化一覧 PART 1（1～3章）

言語化	意味
1 3Sミッション	●「死ぬまでに・知らないことを・少なくする」ために、あらゆることを経験すること。 ●「経験」はすべての基礎であり、直感を研ぎ澄ませ、正確で合理的な決断をするために必要不可欠なもの。
2 利己的利他・犠牲的利他	●「利己的利他」 ⇒自分の幸せの延長線上に人の幸せがある、という考え方。 ●「犠牲的利他」 ⇒自分を犠牲にし、人のために尽くすことが、幸せにつながるという考え方
3 平成ボーダーライン	●利己的利他と犠牲的利他の価値観の境目のこと。 ●新世代と旧世代との世代間のギャップの境目がおよそ平成元年であることから。
4 義務化虚像リスク	●役割に応じて行なわなければならないことや、作られたイメージを優先することによって、自分の気持ちや物事の本質が見えなくなってしまうリスクのこと。
5 期待値調整	●怒りや悲しみといった感情は、人や物事に期待しすぎることで発生する。「期待」は行きすぎると「支配」につながる。 ●できるだけ期待を持ちすぎず、期待値を調整しながら生きるほうがストレスがかからない、という考え方。

Q2

（20代女性公務員からの質問）職場の先輩の言動が、自分にだけ冷たい気がします。なんとなく自分だけ否定されているように感じられて、日々モヤモヤが続いています。いちいち気にしていたら身が持たないのでスルーしていますが、そうしたことが積み重なっていくと心がしんどいです。どう受け止めたらいいか、教えてください。

Ans.

質問者さんは、日々の仕事や人間関係に「違和感」があって、そのせいでストレスが溜まっているのではないだろうか。「違和感」は、基本的にネガティブなことがほとんど。だから、優しい人ほど、違和感を覚えても「自分が我慢すればいい」と飲み込んでしまう。そうして波風を立てないようにと周りに気を遣い、違和感を無視し続けていると、心は感じることをやめ、次第に蝕まれていく。

だからこそ、「この仕事、向いてないな」「〇〇さんのココがイヤ」といったように、なんでも構わないので、感じていることを書き出す時間を持つようにしてほしい。ノートやパソコン、スマホのメモ機能でも良いので、とにかくアウトプットを継続してみる。その際、違和感の答えを無理に出そうとしなくても大丈夫。「こんなことを感じているんだ」という、自分の心の声を聞くことのほうが何倍も大事だから。

そうしてアウトプットを継続していくと、人は自然と自分を客観視し、不思議なもので、自動的に自分自身を肯定する方向に意識が変わる。「こんな状況なのに、よくがんばってるな」「そんな風に思う自分がいてもいいじゃん」といったように、ネガティブな違和感が、いつの間にかポジティブなワードや自分への許しに変換されていく。


違和感を掘り、言語化することで、現実は良いほうへと確実に進む。

ある主婦の方は、思春期の娘さんとの関係があまり良好ではないことに悩んでいた。その違和感を掘ると、自分自身も長年母親との関係が良くなく、「そんな自分の子育てがうまくいくはずがない」という信念を持っていたことに気づいたそう。「幼かった頃、お母さんから何をしてもらいたかったんだろう?」と問いかけた時、自分の大好きなことに興味を持ってもらい、一緒に楽しみたかったという答えが出た。彼女はそれを「FUN共有」と言語化することで、娘さんが好きなアニメや歌手に興味を持つようになり、一緒に推しのライブに行ったりするなど「FUN共有」の時間を積極的に増やすようにした。楽しさを共有することで、関係がすっかり良くなったと言っていた。

これがまさに、言語化の力。

自分が悩んでいることや、やりたいことに名前をつけ、「言語化」して認知できるようになると、現実がおもしろいように変化し、そのスピードは加速していく。

自分と向き合う時間を作り、違和感を見つめるだけでもすごいこと。今日からさっそく、アウトプットすることをスタートさせてもらえると嬉しい。

4章

「マネーワーク」と「らしさワーク」

Power To Survive

4-1 マインドフリーな人ほど稼げる

常識を疑い、固定観念や心の制限を積極的に外していくことで、人はマインドフリーになれる。マインドフリーで生きていると、自然と稼げるようになる。お金は未来をサバイブしていく上で絶対に必要なものであり、時間を最大化し、人生をより良くしてくれるツールの一つだ。

世の中には、素晴らしい商品を生み出したり、多くのビジネスを手掛けたりすることで、驚くほどお金を稼いでいる人がたくさんいる。そうした人たちの真似をするのは、もちろん簡単なことではない。

でも、心の制限を外し、マインドフリーになることで、お金にも時間にも余裕のある生活を手にすることができる。勇気はいるかもしれないけれど、マインドフリーになるのは、実はそんなに難しいことではない。物の見方や考え方を少し変えてみるだけで、お金に困らない生活は結構簡単に実現することができる。

マインドフリーでお金と時間の効率を上げる

先日、友だちと九州旅行に行った。次の日は続けて韓国に行く予定になっていたけれど、皆、いったん関東の自宅へと帰っていった。パスポートや着替えを取りに帰るためだという。僕の場合はリュックの中に常にパスポートが入っているし、そもそも家がないので、「いったん帰る」という発想がない。

福岡から韓国には、飛行機で1時間半で行ける。福岡から東京に戻ってまた韓国に行くほうが、時間もお金もはるかにかかる。

常識的に考えると、「パスポートを常に持つ」必要なんてないし、時間とお金の無駄をそこまで考える必要はないのかもしれない。でも、僕は未来のために生きているので、今という時間を、無駄なく、効率良く、最大化したい。だから、僕はそのまま韓国へ飛んだ。

価格ではなく価値を見る

　例えば、お金がそんなにない人が車を買う時、大抵の場合、軽自動車を買う。新車の軽自動車は、だいたい200万円くらいする。そして、2年も乗れば半値以下になる。ということは、「2年で100万円分損をした」と僕は考える。

　ローンを組めるかどうかはいったん置いておいて、例えば2000万円の新車のフェラーリを買ったとする。フェラーリは値が下がりにくい車なので、軽自動車と同様に2年後100万円下がったとしても、マイナスの額は軽自動車と同じ。100万円でフェラーリに乗るという経験や、ワクワクした気持ちが手に入る。そしてフェラーリなら、2年後に値段が上がる可能性だってある。

　100万円で軽自動車かフェラーリのどちらかに乗るのなら、フェラーリに乗ったほうが断然良いと僕は考える。

　フェラーリは言いすぎだとしても、1000万の人気の車だったら、うまく選べば2年後950万で売ることもできる。でも、200万の軽自動車を2年後150万で買い取ってくれるところなんて、ほとんどない。だから、僕は200万の車を2年後100

万で売る人より、1000万の車を2年後950万で売る人のほうが賢いと思う。50万で1000万の良い車に乗るのと、100万で軽に乗るのだったら、50万で良い車に乗ったほうが圧倒的にいいし、50万得もしている。

こんな風に、良い車、人気の車ほど「資産価値」があるので、結果的に実質無料で乗れるものもあるし、実際、僕も1000万の車を1300万で売ったことがある。でも、そうしたことを考えたり、調べたりする人は少ない。多くの人は、値段が高いか安いか、といった価格で判断しすぎていると思う。本当の価値を見抜く方法を学んだり、知ろうとすればすぐに情報は手に入る時代。車やモノで稼ぐことって意外と簡単にできる。

今まさに軽自動車を買おうとしている人にこんな話をしても、「お金がないから、1000万の車なんて買えないですよ」と言われてしまうかもしれない。「理屈はわかるけど、思っていたより価値が下がったらどうするの?」とか、「田舎で高級車に乗ると目立つから恥ずかしい」とか、「高級車は維持費が高い」と言って、「買えない理由」を探す人は多い。これはあくまで考え方の例だけれど、こうやって常識的に考えたり、自分の心に制限をかけてしまって稼ぐチャンスを失うのは本当にもったいない。

もちろん僕も、最初は車で稼げるとは思っていなかったけれど、「車って稼げるじゃん！」ということが徐々にわかってきたので、車の専門家をつけて、30台くらい車を買い、値段が上がった時に売却したものも多くある。

車は僕にとって「乗りもの」だけではなく、資産を生み出してくれるものの一つなので、まだ見ていない、乗ってもいない車もある。

マインドフリーな発想とは

僕なら、軽自動車が買えるのであれば、同じくらいの価格のＢＭＷの中古のアルピナを買う。同じ価格でも、探せば価値の高いものは必ずある。

極端に聞こえるかもしれないけれど、僕は２００万あるなら、その中で「一番資産価値が高いものって一体なんだろう？」と考え、調べたり、詳しい人を見つけて聞いてみたりする。「せっかく２００万というお金を使うのなら、その２００万で最大のレバレッジを効かせることができる使い方は他にないだろうか？」と考える。

マインドフリーになればなるほど、自然と稼げるようになる。けれど、多くの人は世間の常識や固定観念をずっと大事にしている。常識や固定観念を握りしめたまま「稼ぎたい」と言っている人があまりにも多い。

■ マインドフリーな車のビジネス

●新車の軽自動車

200万円

2年後売却

200万（新車価格） − 100万（買取価格） ＝ 100万円（損失価格）

●人気の高級車

1,000万円

2年後売却

1,000万（新車価格） − 950万（買取価格） ＝ 50万円（損失価格）

1,000万円の人気高級車のほうが軽自動車より50万円分得している。
50万円で良い車に乗る経験ができると考える

4-2 未在未準思考で生きる

僕は新卒でコンサルティング会社に入社し、さまざまな業種のコンサルティングを行なっていた。その中でも特に、飲食店の売上アップを得意としていた。飲食店というのは、全国に約83万店舗ある。その中で、コンサルタントに毎月高額な顧問料を払える売上規模の店は、10%に満たない。

最小の力で最大の効果を出したい

業績アップのために、内装を変えたり、メニューや価格を一新したり、評価制度を作ったり、クライアント先の社長と従業員の方を巻き込みながら、その会社の売上が伸びるようにとさまざまな取り組みを行なった。もちろんこれらの改善には、費用が発生する。

一般的に飲食店の原価率は30％程度で、売上の金額自体も、よほどの人気店でなければ、それほど高くはない。そんな限られた利益の中で、提案したことを実行してもらう費用と、僕のコンサルフィーを捻出してもらうためには、結構な金額の売上アップが必要だった。

当時はクライアントの売上に貢献したいと、純粋な気持ちで懸命に働いていたし、その努力が実って一時的に売上が跳ね上がることもあった。でも、心のどこかに、「こうした取り組みをやったとしても、長期的な改善にはつながっていかないのではないか」という疑問もあった。

こうした会社員時代の経験もあり、僕は創業する前から、最小の力で最大の成果を出せるビジネスをしたいと考えていた。

ブルーオーシャンを攻める

そのためには「ブルーオーシャンを攻める」のが大前提。その当時、僕の始めた広告事業はまさに成長期だった。「業務委託で構わないからやらせてほしい」という人も出てくるくらい勢いがあった。

東京でコールセンター部門を作り、この商材の情報をまだ知らなさそうで、ライバルが少ない、北海道や東北といった地方のお店に電話営業し、アポイントをたくさん取っていた。その後、四国、九州、沖縄など、まだ広告にそれほどお金を使っていなさそうなエリアを調べ尽くした。そして地方のアポイント先に、僕と社員数名で数日間、営業出張に行く。現地で自転車をレンタルして30分刻みで店舗を回り、毎月多くの契約をいただいていた。

営業は「HOW」でしかない

この商材であれば、お客様の業績が上がる！　という絶対的な自信があったので、僕の営業は「なんで、やらないいんですか？」というスタンス。

お客様から「NO」と断られても、「NO」には必ず理由がある、と考える。断られても、「じゃあ、どうしたらやれますか？」と質問をして、返ってきた答えを潰していくだけ。

営業ってシンプルだと思う。相手のニーズを聞いて、何をどうしたら「YES」になるのか、どうしたら目の前の人が喜んでくれるのかを考え、行動するだけ。

普通の人はできない理由や断られる理由を先に考えがちだけど、営業力のある人たちは、みんな「どうしたらできるんだろう？」という「ＨＯＷ」でしか考えていない。「断られる」とか「諦める」という言葉が、僕の中にはない。営業力のある人とない人というのは、そもそもこうした前提のあるなしだと思う。

未在未準思考で生きる

僕は、未来の自分にできるだけ選択肢を与え続けたいと思っている。「未来に在《あ》り、未来のための準備をする」という「未在未準思考」で生きている。

ブルーオーシャンを攻めていた時、「このビジネスは今が成長期だから、この期間に動いておかないと」「今が未来のためのボーナスタイムなんだ」と考えていた。今を逃したら次はない、だからなんとしても、必ず当てに行く！　と思ってやっていた。

サブスク型の広告事業だったということもあり、自走するようなビジネスの基礎を作ることができた。

そして14年後の今、僕の目の前には実際に好きなことをやれる選択肢が広がっている。

言語化 File 6　未在未準思考

未来の自分にできるだけ選択肢を与えるために
未来に在り、未来のために準備する

↓

未在未準思考

4-3 「マネーワーク」と「らしさワーク」

一般的に、生活のため、食べていくためにする仕事をライスワークと言い、自分が好きな仕事のことをライフワークと呼ぶ。僕は自分が認識しやすいように、ライスワークを「マネーワーク」、ライフワークを「らしさワーク」と呼んでいる。多くの人がマネーワークを、お金を稼ぐための手段として仕事にしている。でも、マネーワークだけでは心が満たされないから、大好きなことを仕事にしてらしさワークでも稼ぎましょう、といったフレーズをよく耳にする。けれど僕は、これに違和感しか感じない。

お金があれば問題解決できる

自分の大好きなことを仕事にして、らしさワークで起業することより、生活のためにお金をガンガン稼ぐマネーワークのほうが何倍も大事だ。

なぜなら、お金があれば、「家族やお客様のために」と犠牲的利他で生きることをやめられるし、苦手なことややりたくないことを、得意な人にやってもらうこともできる。お金があれば事業の撤退のタイミングも冷静に判断できるし、従業員のミスやトラブルにも寛容になれる。つまり、世の中の大抵の問題は、お金を手段として解決できる。

だから、まずはお金を稼ぐと決めて、動き出してほしい。

「マネーワーク」と「らしさワーク」でバランス良く生きる

本業の他に代行業で稼ぐのもいいし、自分の得意なことでセミナーや勉強会をやるのもいい。お金を稼ぐことに特化した「マネーワーク」を持っておくことが、本業のリスクヘッジにもつながる。マネーワークでお金を稼ぎながら、「らしさワーク」をやれば、人生の幸せ度も上がる。会社員だって、いくらでも副業ができる時代。本業の傍ら、週末にコーチングやカウンセリング、占いなどの仕事をやる人が増えている。

僕が仲良くしている、お金も時間もあって、幸せそうに生きている人たちは、お金を稼ぐための「マネーワーク」があるからこそ、自分が大好きなことをやる「らしさワーク」も持っていて、その両輪を回しながらバランス良く、気持ち良く生きている。

4-4 「マネーワーク」の考え方

「お金を稼ぐ」と言われても、それができないから困っているんです、と思われるかもしれない。まず、**「稼ぐこと」と「やりたいこと」を一つの仕事の中で同時にやろうとすることに無理がある**のを知ってほしいと思う。稼ぐこととやりたいことを一緒にするから、「稼ぎ」も「自分らしく生きること」も、どちらも中途半端になりやすく、最大のパフォーマンスを生めなくなる。

僕はそもそも、自分のやりたいことというのは、「稼ぎ」と直結しづらいものだと考えている。「お金を稼ぐこと」と「やりたいこと」は本来、つながりにくいものだから。

最初の一歩として、仕事にはお金を稼ぐ「マネーワーク」と、自分のやりたいことの「らしさワーク」という二つがあり、それらを分けて考えることからスタートしてみてほしい。

マネーワークで、まず稼ぐ

まず「お金を稼ぐことが一番大事」というマインドセットが重要だ。稼ぐことに「自分らしさ」はあまり重要ではない。

本業でも副業でもどっちでもいいから、とにかくマネーワークとしての収入を増やすことにフォーカスする。

やらない理由を考えるより、週末バイトを始めてみたらいい。昼に会社勤めをしているなら、夜のバイトだってある。飲食店でもスナックでもいいし、警備や配達の仕事でもいい。

思い切ってキャバクラの世界に飛び込んでもいい。夜の街にいる、昼の世界では出会えないようなおもしろい人たちと会うことが経験にもお金にもなる。

面接なしでそのまま働けるタイミーだってある。会社を出てから、21時から24時までバイトをしてもいい。体力的にキツかったら、週1からやってみてもいい。とにかく、今よりも稼ぐ経験をすることで、見えてくる世界が必ずある。

代行業が狙い目

マネーワークとして何をやったらいいかわからない人は、ニーズが顕在化している代行業からスタートしてみたらいい。家事代行、犬の散歩代行、メルカリなどの出品・発送代行、運転代行、結婚式出席代行、イベントの場所取り代行、デリバリー代行、買い物代行、ネットショップ運営代行、SNSの運用代行といったように、代行業はマネーワークとして仕事が始めやすい。

僕自身、平成ボーダーライン新世代の人たちに、SNSの運用代行をしてもらっている。彼は会社員なので副業としてやっているけれど、結構割りの良い仕事なんじゃないかと思う。いろんな人のSNSの運用代行をすることでノウハウが溜まるし、バズる動画がドンドン作れるようになったら、運用代行の仕事をしたい人にコンサルティングだってできる。マネーワークで稼げることって、今の世の中たくさんある。

マネーワークとらしさワークを分ける

「稼ぐ」ことは自分の自信につながり、心の安心・安全につながる。

僕が「マネーワーク」と「らしさワーク」を分けて考えたほうがいい、という考えに至ったのは、過去に「あの時、自分らしさを脇に置いて正確なジャッジができていたら、本当はもっとうまくやれたのに」と反省した経験や、人間関係で傷ついた経験があったからこそ。

そんな中で、僕を助けてくれたのは、まぎれもなく広告業や発送代行業、デザイン業、不動産業といったマネーワークだった。マネーワークがあったからこそ、気の合う人たちや外部のプロとパートナー制で協力し合うことができ、無理せず、自分に嘘をつかず生きられるようになった。

マネーワークをやりながら、その稼いだお金を手段として使い、好きな人たちとつながっていき、自分がやりたいことや好きなことを「らしさワーク」として持つことで、ビジネスの幅がより広がり、人生の幸福度も上がっていく。

4-5 「らしさワーク」の考え方

らしさワークは、自分の趣味やワクワクすること、自分への投資になるような仕事のこと。特に女性は、ネイルやヘアメイクといった、自分が好きなことで起業しがちな傾向がある。それ自体は悪いことではないし、らしさワークで圧倒的に稼いでいる人も中にはいると思う。

らしさワークが行き詰まる理由

けれど、大好きなことだからこそ、仕事をビジネスとして客観視することができなかったり、本質ではなく感情でジャッジしてしまったり、もっとこうすれば儲かると頭ではわかっていても、こだわりが強すぎて、思い切れなかったり、引き際がわからなくなったりする。

そして厄介なことに、**らしさワークを極めていくほど、マネーワークのための時間が取れなくなる**という無限ループにハマる。儲かっていなくても、**自分がやりたいことだから、とやめない言い訳**だってできる。

僕がマネーワークとらしさワークを分けて考えてほしい、と言っている本当の意図はここにある。

「らしさワーク」を拡大させる方法

この話をしても、「それでも、好きなことを仕事にしないとテンションが上がらないんです」という人もいる。そんな人は、**らしさワークを存分にやるためにこそ、マネーワークを先にやる、という発想の転換**をするといいと思う。マネーワークがあれば、時間もある程度自由になってくるし、ジャッジも良くなる。その中で新しい出会いも生まれ、らしさワークをより自分らしく、より楽しく、拡大していくことができる。

そのためには、**「こだわり」を思い切って捨てること、やりたくないことを断る勇気を持つことが大事**になってくる。見栄やプライドを「手放す」という、人によってはかなりキツい決断をする必要があったりする。

僕も、見栄とプライドはもちろん、周りの人への期待、家、モノ、仕事……など結構なものを捨ててきた。だからこそ今、やりたいことをやれる自分へと進化していった。

マネーワークとらしさワーク、両方を持つ意味

今の僕にとっての「らしさワーク」は、SNS運用やイベント・オンラインサロンの運営、自分のアパレルブランドの商品展開。未来のため、3年後、5年後の自分をラクにさせるために、その種を蒔くような感覚で、余裕を持ってらしさワークをやっている。

今マネーワークしか持っていない人は、逆にらしさワークを探しに行くのもいい。マネーワークとらしさワーク、この両輪の舵を取り、バランスを調整することで人生の充実度は格段に上がると思っている。

言語化 File 7　マネーワーク・らしさワーク

「稼ぐこと」と「やりたいこと」は別のこと
「マネーワーク」と「らしさワーク」を分けて考えることが大事

お金を稼ぐための仕事　マネーワーク

- 「自分らしさ」はいらない
- 収入を増やすことが正義
- 顕在ニーズの高い代行業がスタートしやすい
- お金がある状態によって心の安心・安全が得られる
- できればサブスク型でお金が入ってくる仕組みを作る

自分が好きな仕事　らしさワーク

- 自分らしさを発揮することでファンから支持される
- 好きなことや得意なことで人間関係が広げられる
- 人生の幸福度を上げてくれる
- 好きだからこそビジネスとして客観視しづらい

↓

両方を持つことで、より豊かな人生になる

4-6 「マネー」と「らしさ」のワークライフバランス

僕の会社の元従業員で、今は別の会社で正社員として働きながら、外部委託でパートナー制を組み、僕の会社のデザインの仕事を副業としてやってくれている29歳の女性がいる。彼女は2人の子を育てながら、上手に「マネーワーク」と「らしさワーク」の両輪を回している。

「マネーワーク」と「らしさワーク」のバランスを取る

彼女が正社員で勤めている会社は、実働8時間の完全リモート制。経理や総務の仕事をしていて、自宅で完結できるという。比較的時間の自由が利くというのは、子育て中の女性にとって良い環境だと思う。

僕の会社のデザインの仕事は、休憩時間や夜の空いている時間、そして土日の隙間時間でやってくれている。

彼女にとって正社員の仕事は、お給料をもらうための純粋な「マネーワーク」であり、僕の会社の仕事は、好きで続けている「らしさワーク」と言える。

デザインの仕事は、クライアントから定期的に依頼があるため、僕にとっては「マネーワーク」そのものだけど、それは彼女が「らしさワーク」として支えてくれているからこそ成り立っているので、非常にありがたい。

「マネー」と「らしさ」が家庭円満の秘訣

ご主人も、彼女が副業のデザインの仕事にやりがいを感じていることを知っているので、本業が疎かにならなければＯＫ、と理解を示してくれている。もう一人子どもが欲しいという希望があるので、今後もこの働き方を続けたいと言う。通勤時間もないし、テレワークだと家で一人なので、他人の感情にあまり流されることなく仕事に集中できるし、勤務時間が終われば、晩御飯も家族と一緒に食べられるし、子どもにイライラすることも減った、と明るく言っていた。

こんな風に、「マネーワーク」と「らしさワーク」を分けつつ両輪で動くと、家庭も円満になり、自然とワークライフバランスが取れるようになってくる。時間に融通が利く働き方ができ、正社員と副業の両方からの収入が確保され、自分が好きなことでお客様から評価されれば、金銭的にも気持ち的にも余裕が生まれ、自分に自信が持てるし、家族や同僚、周りの人にも優しくできる。彼女は僕の会社一本で働いていた時より、一回りも二回りも成長し、自由で伸び伸びしているように見える。

家の中で投資のタネを見つける

彼女はデザインの仕事で独立しようと思えばできるけど、平成ボーダーライン新世代で、そこまでのリスクを負って独立したいという人たちは、僕ら旧世代と比べたら少ない。若い人たちは、起業してバリバリやるというよりは、自分が信頼している人から認めてもらい、自分らしく仕事ができるという環境のほうを重視している人が多いように感じる。

彼女のように、会社員をやっていても、マネーワークとらしさワークの両方を持つことは可能だし、むしろどんどんやったほうがいい。

小さな子どもを育てている人でも、介護などの事情があってそれほど働けない人でも、家の中を見渡せば、投資のタネなんていくらでもある。ゲームや使わなくなったブランド品をメルカリやAmazonで売ることもできるし、ネットが苦手な人に代わって出品の代行をしてあげることもできる。データ入力や値札付け、シール貼りの仕事など、家にいながらにしてお金を稼ぐ手段はいくらでもある。小銭でもお小遣いくらいでも全然構わない。今の収入にプラスアルファできるお金を、自分で生み出す経験を数多く持つことが、マネーワークの基礎を作ってくれる。

Q3

（30代男性経営者からの質問）組織体制に課題はありますが、順調に拡大している研修会社を経営しています。それとは別に、食べることが好きなので、僕のこだわりが詰まった、地元食材の飲食店もやっています。しかし、飲食店の業績は常に悪く、しんどいです。コンサルタントに依頼し、SNSの見せ方やオペレーションを変えたことで、フォロワー数と来店客数は増えました。でも、毎月の売上は不安定で、根本的な改善にはつながっていません。何か解決方法があれば教えてください。

Ans.

僕も飲食店を4店舗経営していたので、大変さはよくわかる。

店を開けるだけで、家賃や人件費はかかる。そして飲食店は、アルバイトの募集や教育など、人に対する時間もものすごくかかる。調子の良い、伸ばしたい本業があるにもかかわらず、そうしたことを考えなければならないのが、相談者さんのしんどさにつながっているのだろう。

ストレスと時間と労力をかけて、本業ではないこの飲食店のことを考えなければならないのなら、「撤退する」ということも、選択肢の一つに挙げても良いのではないだろうか。そしてお金と時間と頭の余白を、本業の研修会社に注いだほうが良い。

僕もそうだったけど、本業の「マネーワーク」がある中で、「らしさワーク」として飲食店を出す経営者は、少なくない。こうした場合、往々にして自分が大好きなことだからこそ、「撤退する」という決断ができなかったりする。

その意味で、マネーワークを盤石にしておくことが大事だ。僕が飲食店を出すことができたのも、創業時から何が起きてもいいように、どんなリスクがあっても生き抜いていけるように、法人でも個人でもコツコツと資産を作っていたからだ。

まずは、確固たるマネーワークを確立することに注力してもらいたい。そうすれば、他の事業がうまくいかなくてもイライラしなくて済むし、本質的なジャッジもできるようになる。このくらい赤字が続けば撤退する、と明確な基準を設けることもできる。

マネーワークを確立し、余裕を持った状態でもう一度飲食店をやりたいということであれば、そこで再チャレンジするのもいい。

もし、今お店をどうしてもやりたいのだとしたら、「家賃があまりかからない場所で、週一のオープンで、限定5組」といったレストランを始めてみるのもいい。おすすめメニューのレシピがあれば、これから飲食店を開きたいと考えている人に教えることもできる。そんな風に、決まったお店を持たなくても、本業にも負担をかけず、自分のやりたいこと、好きなことを実現することはできる。

「らしさワーク」をがんばりすぎると、本業の足を引っ張ることもある。「らしさワーク」を存分にやるために、まず「マネーワーク」を揺るぎないものにしていくことをお勧めしたい。

5章

お金は「稼ぎ方」より「使い方」

Power To Survive

5-1 お金の違和感を掘る

僕の両親は、家族の旅行やイベント、お祝いごとなど、お金を使うべき時にはドーンと使う一方で、普段は贅沢なことにはあまりお金を使わないほうだった。子どもの頃から、習い事や進学に関しては、やりたいことをやらせてもらっていたし、そうした意味でのお金の安心感みたいなものは、ずっとあった。「お金がない」と思っている人は多いけれど、僕は、お金はそもそも「あるもの」だと思って生きている。だから思い返せば、お金がピンチだった時もあったけど、基本的なスタンスとして「お金はある」という前提でいたので、自然と乗り切れていたように思う。

お金の「使い方」にフォーカスする

そんな風に昔から、お金を稼ぐ、という感覚ではなく、それをどう使い、どう活かしていくのか、といった「使い方」のほうにフォーカスしていた。

「お金の貯め方・増やし方」「節約の仕方」「消費・浪費・投資に分ける」といったような、お金を守るためのテクニックは世の中に溢れているけれど、「お金を使う＝消費する＝お金が減る」と考えるのが普通だから、「お金の使い方」を教えてくれる情報は意外に少ない。

もちろん僕もお金の失敗を数多く経験した。生き金を使ったことも、死に金を使ったこともたくさんある。

だからこそ、「もっと気持ち良くお金を使う方法はないだろうか？」と、常に自問自答していた。お金の違和感を深掘っていく中で、**お金というのは「稼ぎ方」よりむしろ「使い方」に本質がある**と思うようになった。

お金の稼ぎ方にその人らしさは出ない

お金の稼ぎ方のテクニックを教えてくれる本、ＳＮＳは溢れ返るほどたくさんある。隙間時間でできる副業とか、ＮＩＳＡ、株式投資、ＦＸ、ビットコインなどなど、さまざまな人がさまざまなジャンルで稼ぐ方法を親切に教えてくれている。

けれど、よく目を凝らして見ると、稼ぎ方のテクニックやSNSの魅せ方というのは、戦略的にはどれも似通っている。そうした視点で見ると、「稼ぐ」ということは、時流やある一定の成功法則があり、おもしろみに欠けるところがある。稼ぐことだけにフォーカスするなら、「自分らしさ」は逆に足かせとなってしまうことがある。

それに対してお金を使うということは、欲しいものを買ったり、食べたいものを食べたり、とても楽しいこと。洋服、化粧品、美容、食べ物、家電、スポーツ、旅行、健康、自己啓発、子どもの習い事、推し活、音楽、お酒、ギャンブルなど、何にお金を使うかは、その人の趣味嗜好によって千差万別。だからこそ、その人らしさが色濃く出る。稼ぎ方より「お金の使い方」にこそ、その人の性格や欲望、本性が出る。

僕は人がどうやって稼いでいるかより、その人がお金をどのように使っているかを結構見ている。なぜなら、お金の「使い方」は「稼ぎ方」に影響をおよぼすものであり、お金の使い方に長けている人ほど稼いでいることを知っているから。

5-2 お金は「引換券」

ホテル暮らしになる前は、ヒルズやラ・トゥールなどのタワマンに住んでいたこともあった。当時はまだ、「良い家に住んでいる自分」という見栄とプライドがあった。でも、出張で家にいないことが多いのに、高い家賃を払うのは馬鹿馬鹿しい、とどこかモヤモヤしていた。

削減できたお金は利益

以前は、会社の事務所も月100万円以上の内装にこだわった広いオフィスにしていた。そのほうが社員も快適だし、喜んでくれると思っていた。

けれど次第に、自宅も事務所も、「これって、見栄なんじゃないか?」と思うようになった。この見栄という固定費より、社員がより喜ぶことが他にあるのではないかと思うようになった。

そして賃料月50万円の、小さいけれどアクセスの良い場所に変えた。賃料が半分になり、年間６００万円が浮いた。その浮いた分で、使える経費の自由度を上げたり、がんばっている社員の給与アップや、顧客満足につながる施策などとして使うようにした。

僕は、お金の使い方を変えて削減できた経費は、ただの経費削減ではなく、「利益」と捉えている。家賃を半分にしたことで６００万円の利益が出た、と考える。

こうした捉え方は、ビジネスだけではなく、普段生活をしていく上で実はとても大事なことだと思う。

お金という「引換券」を使う

僕は元々完璧主義で、人に任せるのが得意なほうではなかった。仕事も自分でやったほうがやりやすいし、早くできる。

経営者の多くが同じタイプだろうけれど、一人でやれることなんて、時間的にも体力的にも限界があるし、何かを達成しても、一人では寂しい。人と一緒に働いたほうが、喜びは倍増する。だから従業員みんなと協力して仕事をやっていくわけなのだけれど、どんなに気をつけていても、ミスやトラブルは起きてしまう。そうしたこともあって、社内だけではなく、その道に詳しいプロや専門家に成果報酬で仕事を依頼するようになった。

以前は、そうした人たちに仕事をお願いすることは贅沢だと思っていた。でも、自分が苦手と思っていることは、プロにお願いしたほうが早いし、成果も出やすい。僕にとって、そんなお金の使い方は納得がいったし、気持ちがよかった。

そんな経験を経て、いつしか**お金は苦手なことを代わりにやってもらえる「引換券」**だという発想を持つようになった。ホテル暮らしも、苦手な掃除や片づけを、引換券を使ってプロにやってもらっている、という感覚。

引換券を持っているなら、使わないほうがもったいない。

5-3 使って稼ぐ方程式

僕はどんな小さな買い物でも、自分で言語化した「使って稼ぐ方程式」で計算し、買うかどうかを決めている。この方程式を構成する5つの項目の合計が価格を上回っていればお金を使うし、下回っていれば使わない。

僕が見ている限り、お金の使い方に自分なりのルールや式のようなものを持っていない人は、稼ぐことができても、意味のない投資に手を出してしまったり、身の丈以上の贅沢な暮らしをしたり、ギャンブルにのめり込んだりして、あっという間にお金をなくしてしまう。

マネーワークで稼いだお金は大事に使ってほしい。

自分にとって本当に意味のある使い方をしているかどうかを考えるのは、未来の資産につながる。そうした**お金を使う時の判断基準となる方程式やルールを自分なりに持っ**

ていれば、後悔しにくくなるのはもちろん、お金を使っているにもかかわらず、お金を稼ぐことだってできる。

◆使って稼ぐ方程式

目に見える価値　目に見えない価値
金額＜（①資産価値＋②有用性）＋（③自己投資＋④ブランディングパフォーマンス＋⑤心）

ウィスキー投資

経営者の友だちに誘われ、とある酒造メーカーの見学に行った。焼酎の生産量は年々下がっているが、ウィスキーは世界的に需要があるため、消費が伸びている。そのため、ウィスキーは資産形成のための投資商品という側面を持っていて、今注目されている。見学に行った酒造メーカーも、ウィスキーの樽のオーナーを募集していた。

ひと樽約400万円で、5年間寝かせ、ウィスキー約600本分になるという。今販売されているウィスキーは、すでに購入価格の約2倍となっているので、将来的にはさらに上がる可能性を秘めている。さらにウィスキー樽のオーナーになれば、その酒造メーカーが所有している、1日数組しか入れないホテルの会員にもなれ、さらにゴルフの会員権もついてくるという。その話を聞いて、購入を即決した。

僕は何かを買う時に、購入価格の価値を100％基準として考えている。そして、各項目が100％以上か、それ以下かを考え、トータルで100％を越えるか否かで購入を決めている。

このウィスキー投資にお金を使った理由を、「使って稼ぐ方程式」で説明すると、こんな感じになる。

（①資産価値200％＋②有用性50％）＋（③自己投資150％＋④ブランディングパフォーマンス120％＋⑤心130％）

①資産価値　200％　（財産としての評価額・市場での取引価格）

日本のウィスキーブランドは世界的にも人気があり、すでに価格は2倍になっている。

②有用性　50％　（使い勝手・役に立つかどうか・もの自体が持つ特性）

飲むまでに5年待たないといけない。

③自己投資　150％（自分の成長につながるかどうか）

ウィスキーの投資は初めてだったので、自分の新しい知識や経験、好奇心を満たすことにつながる。

④ブランディングパフォーマンス　120％（未来にわたって、自分の価値を上げてくれるかどうか）

「酒造メーカーのウィスキー樽を持っている」ことを話題にでき、場を盛り上げることができる。

⑤心　130％（後悔するかしないか・心が本当に喜んでいるかどうか）

会員制のホテルに泊まったり、ゴルフをしたり、仲間と楽しい時間を持つことができる。

それぞれのパーセンテージの合計から平均を出すと、「650÷5＝130％」となる。僕には価格の1・3倍以上の価値があるという認識で購入した。

ひと樽約400万円だったけれど、僕にはそれ以上の価値が見えたので、即決した。

「使って稼ぐ方程式」は大きく、目に見える価値（①資産価値、②有用性）と、目に見えない価値（③自己投資、④ブランディングパフォーマンス、⑤心）とに分けられる。

ウィスキー樽は、資産価値があることはもちろんだけど、僕にとって初チャレンジのジャンルの買い物だったので、3Sミッションとしての経験にもなると考え、自己投資のアップ率が高い。けれど、各要素のバランスが良かったこともあり、いいお金の使い方ができたと思っている。

このウィスキーの例はわかりやすく表現しているが、買い物によって5つの項目の重要度を変えるようにしている。「資産価値・有用性・自己投資・ブランディングパフォーマンス・心」のどこに重きを置くのか、僕自身が感じる価格以上の価値を見極めてからお金を使っている。

僕はこんな風にすべてのモノを、資産価値まで含めて見ている。この「使って稼ぐ方程式」が常に頭の中にあることで、お金の使い方がブレなくなり、買い物で後悔することがなくなった。そして、お金を使っているにもかかわらず、楽しみながら稼げるようにもなった。

言語化 File 8　使って稼ぐ方程式

使って稼ぐ方程式

金額 ＜ 目に見える価値（①資産価値＋②有用性）＋ 目に見えない価値（③自己投資＋④ブランディングパフォーマンス＋⑤心）

この5つの項目の合計がモノやコトの金額を「上回っていればお金を使う、下回っていれば使わない」を徹底している

①資産価値……財産としての評価額・市場での取引価格

②有用性……使い勝手・役に立つかどうか・モノ自体が持つ特性

③自己投資……未来の自分の成長につながるかどうか

④ブランディングパフォーマンス…未来にわたって自分の価値を上げてくれるかどうか

⑤心……お金を使って後悔するかしないか・心が喜ぶお金の使い方になっているか

5-4 ①資産価値
自宅は買うな

◆使って稼ぐ方程式

	目に見える価値 / 目に見えない価値
金額∧（①資産価値＋②有用性）＋（③自己投資＋④ブランディングパフォーマンス＋⑤心）	

使って稼ぐ方程式の一つ目の項目は「資産価値」。僕は自宅がないので、車と同様、マンションのような不動産投資は、ほぼ資産価値で決めている。だから、ホテル暮らしの僕が言うのもどうかと思うけれど、マイホームを探している人には、「持ち家は、買うな」と言っている。

普通は、自分が住む家となると、どうしても駅から近くて日当たりの良い場所がいいとか、キッチンはこうしたい、というこだわりが必ず出てくる。来客があった時に、素敵に見えるかどうかといった見栄やプライドも必ず入る。

住まいの選び方

自宅用として郊外の一軒家を4000万円くらいで買う人は、世の中にたくさんいると思う。僕だったら、4000万円のお金があれば、利回りの良い投資用の中古不動産を探して買う。そして、その家賃収入で得たお金で、4000万円の一軒家と同じようなグレードの賃貸物件に住む。

どういうことかというと、郊外で4000万円くらいの一軒家だと、月々の家賃はおよそ15万円、年間で180万円かかる。一方、4000万円の投資用中古不動産は利回り6・5%くらいのものを見つけることができるので、4000万×6・5%で、2600万円の収益があがる。僕だったら、この260万を使って、月々15万、年間180万円くらいの家賃の家に住む。そうすれば4000万円の一軒家と同じようなグレードの賃貸物件に住むことができる上に、差額の80万円の利益を手にすることができる。

投資用不動産は自分のこだわりを省き、投資として市場価値のあるものを選んでいるので、売りたいと思った時、郊外の一軒家より売りやすく、値段も高く売れる可能性が高い。流動性、資産価値の面でも、利回りだけではなく、売買益の観点でも利益が高まる可能性が高くなる。

こんな風に、**ただ価値が減っていくものに使うのか、価値を生み出すものに使うのかは、自分のお金の使い方次第**。自宅を買うのではなく、自宅は投資用不動産の家賃収入から得られたお金で、自分の好きなところに借りる、というのが賢いやり方だと思う。

買った瞬間売れるものしか買わない

僕は車もマンションも、買った瞬間に高値で売りに出すこともある。

今やネットやSNSで検索したら、どんなものでもリセールバリューがあるかどうかくらいは瞬時にわかる。

まずはどんな小さなものでもいいので買い物をする時に、資産価値があるかどうかを調べてから買うようにしてみてほしい。資産価値を見極める目を持ってお金を使うことは、必ず未来の稼ぎにつながってくる。

■ 一軒家にはこうして住む

もし4,000万円あったら…

投資用不動産
4,000万円　利回り　6.5%
年間260万円の収益。

この260万円を使って
年間180万円くらいの
家賃の家に住む。
260万-180万＝年間80万円
を手にすることができる。

※ローンの金利や経費、郊外の一軒家でも立地はさまざまなので、考え方の一例として捉えてください。

5-5 ②有用性

1億即決・100均お悩み理論

◆使って稼ぐ方程式

金額∧（①資産価値＋②有用性）＋（③自己投資＋④ブランディングパフォーマンス＋⑤心）

目に見える価値

目に見えない価値

使って稼ぐ方程式の二つ目の項目は「有用性」だ。

例えば、「喉が渇いた」と思ってコンビニでペットボトルのお茶を買うとする。飲み物なんて、飲めば減るだけだから、買った段階で資産価値なんてない。今暑くて喉が渇いているから飲む、という「有用性」、つまり「モノが持つ特性」としての価値はある。もちろん、お茶を飲むだけだからただの消費であり、自己投資にもブランディングにもならない。

リセールバリューのないものは、コスパ優先

この方程式で言うと、僕は、飲み物のように「有用性しかないもの」に関しては、徹底して安いモノを買っている。お茶も自動販売機で買うと150円するけれど、少し歩けばドラッグストアやコンビニで100円で買える。差し引きたかが50円だけど、事務所の家賃と同じで、僕は50円分利益を出した、と考える。

ただ安いものを探しているわけはなく、どんな小さなモノでも、使って稼ぐ方程式に基づいて利益の出るほうを選んでいるだけ。

スマホケースも500円と安いものを使っている。僕はブランド品には興味がないけど、買うとしたらエルメスのようなリセールバリューのあるものを選ぶ。

いろいろ調べてみたけれど、スマホケースで資産価値のあるものはかなり限られる。リセールバリューがないモノ、有用性しかないモノに関しては、徹底してコスパを優先させている。

「1億即決・100均お悩み理論」が生まれた背景

以前、従業員に「ショウさんって、1億円のモノはすぐ買うのに、100均でモノを買う時はすごく悩んでいますよね」と言われたことがある。僕のお金の使い方を端的に表わした表現だったので、それを「1億即決・100均お悩み理論」と言語化した。

例えば、1億円のモノというのは、マンションだったりするので資産価値として非常にわかりやすく、使って稼ぐ方程式には当てはめやすい。

そして、当てはめやすいものほど即決できる。

けれど100均のモノは、資産価値はそもそもゼロだし、自己投資にもブランディングにもならない。だから、純粋にその商品が持つ有用性（使い勝手）だけで見ないといけなくなる。1億円より、100円を使うほうが僕にとっては圧倒的に難しい。

言語化 File 9 1億即決・100均お悩み理論

**1億円の資産価値のあるものより、
資産価値のない100円均一の商品を
買うほうが断然難しいという捉え方**

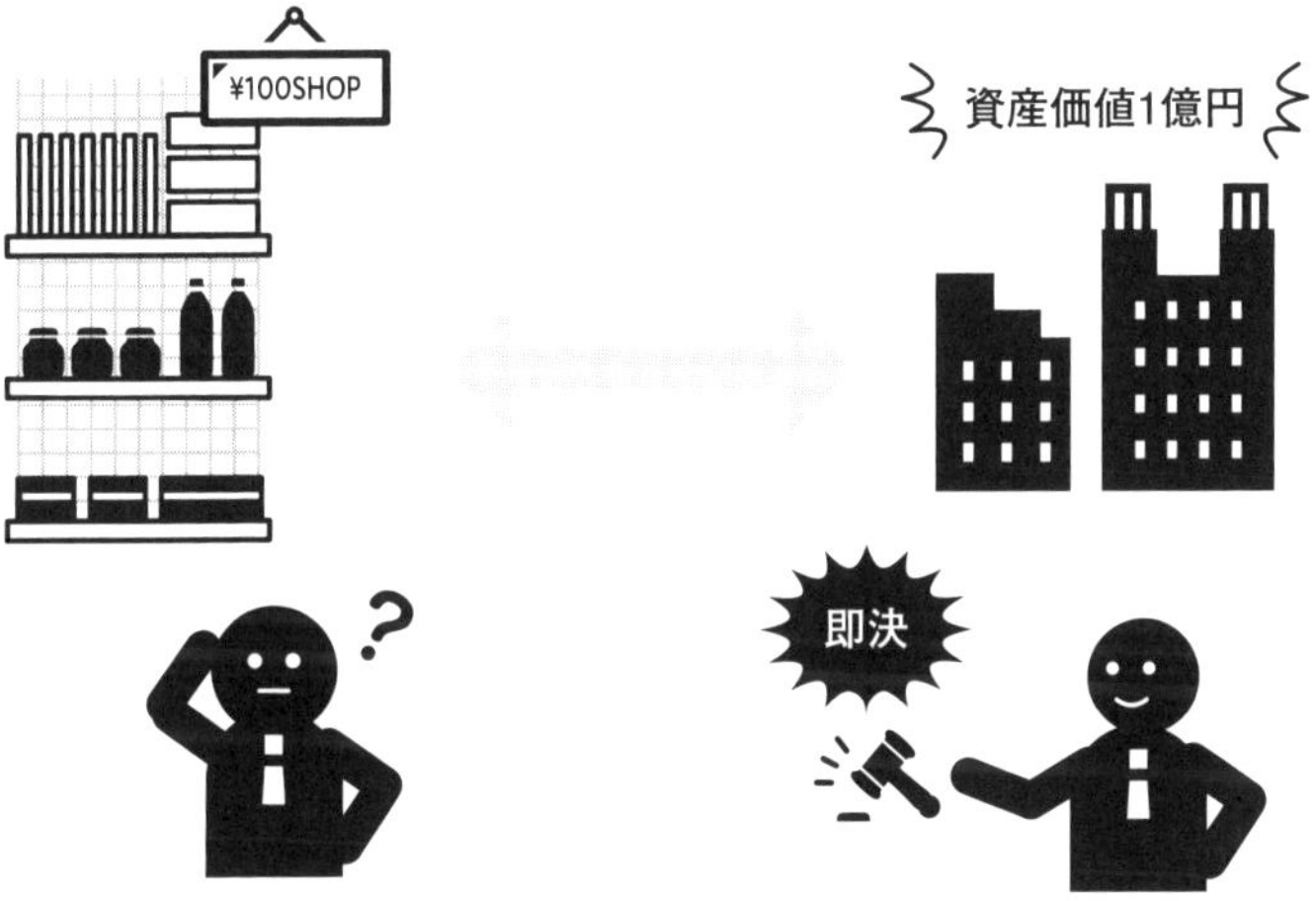

5-6 ③自己投資 ウクライナのマンション

◆使って稼ぐ方程式

目に見える価値

金額∧(①資産価値+②有用性)+(③自己投資+④ブランディングパフォーマンス+⑤心)

目に見えない価値

使って稼ぐ方程式の三つ目の項目は「自己投資」。「自己投資」になるかどうかは可視化するのが難しい。だから僕は、自己投資を「自分の新しい経験や未来の成長につながるかどうか」という基準で判断している。

僕にとって、ウクライナのマンションにお金を使ったのは、まさに自己投資の目的があったから。

ウクライナのマンション

「ウクライナにマンションを持っている」と言うと、ものすごく驚かれる。マンションの一室で1200万円くらいだった。もちろん、戦争が起こる前に買っていた。

マンションは「住む」ことが有用性だけど、もしかしたら、いつか僕自身がウクライナに移住して住む可能性もなくはない、と思って買った。

そして、ウクライナにマンションを持っていたら、将来友だちとウクライナに行こうと思うだろうし、そのために国の歴史や政治、言語や風習、土地についても調べるので視野も広がる。何より、このマンションを買うことで、申請すればウクライナの永住権を手に入れることができるというのも大きかった。日本からだとヨーロッパは遠いけれど、ウクライナにマンションがあることで、ヨーロッパに行きたいという気持ちも自然と湧いてくるだろうと思った。

変なお金の使い方をする理由

ウクライナのマンションを筆頭に、周りの人からは「変なお金の使い方をするよね」

とよく言われる。もちろん、戦争が起きたことによって、資産価値は下がっている可能性がある。けれど、このウクライナのマンションは、僕にとって資産価値より自己投資に比重を置いた買い物だったので、後悔はない。東京で投資用のマンションを買うのとは違い、遠い国のマンション投資だったので、資産価値が下がってしまうリスクがあるのは承知の上での購入だったから。

成功している人はみんな、自己投資にビックリするような額のお金を使っている。経営者会や起業家のコミュニティに入ったり、高額な勉強会に参加したり、人がやらないようなおもしろい経験をしたり、人脈作りのために交流の輪を広げてみたり。周りから見たら、なんでそんなことにお金を掛けるの？　騙されているんじゃないの？　と心配されることもあるかもしれない。でも、こうした未来の自分への自己投資は、水や栄養を絶やさず与え続けていれば、確実に未来の自分の成長へとつながっていく。

5-7

④ブランディングパフォーマンス
アートのオークション

◆使って稼ぐ方程式

金額∧(①資産価値+②有用性)+(③自己投資+④ブランディングパフォーマンス+⑤心)

目に見える価値　目に見えない価値

使って稼ぐ方程式の四つ目の項目は「ブランディングパフォーマンス」。ブランディングパフォーマンスとは、未来にわたって長く自分の価値を高めてくれるモノやコト、ヒトのこと。希少価値の高いバッグや、世界一周旅行という経験、有名人と友だちというのも、自分のブランディングパフォーマンスの一種だったりする。

先日、森美術館20周年のガラパーティーで、約2000万円のアートを落札した。僕は家がないのでアートを飾るところもない。使って稼ぐ方程式の有用性はほぼゼロだったけど、日本を代表する現代美術作家として有名な方の作品なので、資産価値があり、経験値も上がると思って買った。

新たなステージに連れて行ってくれるお金の使い方

そのアートを買った後、しばらくして経営者仲間と現代アートの聖地、瀬戸内海の直《なお》島《しま》に行った。直島にはその作家さんのギャラリーがあった。僕は何も調べて行かなかったので、仲間から「この作品って、この前ショウちゃんが落札したアートの作家さんなんじゃないの？」と言ってもらうまで、気づかなかった。日本で彼のアートを持っている人は数少ないので、すごくびっくりされた。良いモノを持つと、こんな風に自分のブランディングにもつながるんだ、と実感した出来事だった。

アートにここまでの額を使ったのは初めてだったけれど、こんな風に、自分を新しいステージに連れて行ってくれるような、ブランディングパフォーマンスが高まるお金の使い方をもっとしようと思った出来事だった。

ブランディングパフォーマンスを考える

僕は、服でもバッグでも家電でも、モノにお金を使う時は、未来にわたって長く自分の価値を上げてくれるような、ブランディングパフォーマンスの良いモノを選ぶようにしている。

値段の高いモノやブランド品にお金を使え、ということが言いたいのではなく、例えば目的のない飲み会に2時間使うよりは、将来につながる人脈が作れるようなコミュニティに2時間参加したほうがいい。

同じ2時間を過ごすなら、同じ10万円を使うなら、どちらが自分にとって価値ある未来につながるのか。そうした視点を持って、大切なお金や時間を使うほうがいい。お金と時間は、それを使う意図・目的が明確であればあるほど、費やせば費やすほど、自分の血となり肉となり骨となるのだから。

言語化 File 10　ブランディングパフォーマンス

自分自身のブランド的価値を、
未来にわたって上げてくれるモノや
事柄や人のこと

5-8 ⑤心
ニュージーランド旅行のキャンセル

◆使って稼ぐ方程式

目に見える価値
金額∧（①資産価値＋②有用性）＋（③自己投資＋④ブランディングパフォーマンス＋⑤心）
目に見えない価値

使って稼ぐ方程式の五つ目の項目は「心」。人は、何を心で感じているのか、本当は何を望んでいるのか、自分でもわからなかったりする。心の声を聞くためには、自分の違和感を掘っていくしかない。僕は先日、そんな自分の心の声を聞いて、まさかのお金の使い方をした。

半年前から、10日間のニュージーランド旅行を予定していた。旅行の費用は約100

万円。

しかし、出発の5日前くらいに、「なんか違うな」と違和感を覚えた。1日数十人限定の高級ロッジに宿泊できたり、アテンドもついたりと、観光も存分に楽しめるはずだったのに、キャンセルした。当然だけど、5日前のキャンセルだったので100％全額負担で、文字通り100万円を捨てた。

「100万円を捨てる」という使い方

最近、アテンドつきで3泊4日でベトナムに行ってきた。たった3泊4日でも、最後のほうは、モヤモヤしている自分がいた。

月一以上で海外に行っているので、旅行の終盤は無理やり時間をつぶそうとしている自分に、この時気づいた。

もちろん予約した半年前にはニュージーランドに行けることを楽しみにしていたけれど、日々、自分の心に添って行動している僕にとって、「何か違う」という違和感が出てきたら、それを見過ごすわけにはいかない。

最初は楽しいと思うけど、最終日に近づくまでの数日間、心から楽しめない可能性が高いなら、同時期にいくつか日本でのお誘いもあったので、そちらのほうが有意義に気持ちよく過ごせると感じた。

そうして僕は、100万円より心を優先させた。100万円を失ったけれど、心は晴れやかで豊かだった。

自分の心に正直に生きる

違和感に気づけなかった頃の僕なら、「行っても楽しめないんじゃないか」と思っても、「せっかく100万円も払ったからには楽しまないといけない」と、心に嘘をついて「もったいない気持ち」を勝たせていたと思う。

でも、違和感を掘り、それを磨き上げ、言語化していくことを続けたことで、何かを選択する時には「後悔するか、しないか」という心の判断ができるようになった。

もったいないバイアス

「100万円も払ったんだから、楽しまないといけない」といった無理した気持ちと同様に、仕事でも、「これだけ事業に投資したんだから、やめられない」「ここまでやったんだから、どうにかして回収したい」という気持ちは、誰にでもあると思う。

これは結構ギャンブルに似ている。

儲かってもいないのに、時間も手間もお金もかけてきた事業ほど、撤退の決断が難しくなる。難しくなるどころか、「ここまで手塩にかけた事業を失敗で終わらせたくない」と、新たに資金を投入してしまう場合もある。

これがまさにサンクコスト（埋没費用＝時間、労力・お金、手間、愛情など過去に払ってしまい、取り戻すことができない費用）であり、このサンクコストによって、「もったいない」というバイアスがかかってしまい、「損したくない」「ここまでやったから～すべき」という気持ちが勝って、引くに引けなくなる。「やめないといけない」と頭でわかっていても、正しい判断ができなくなってしまうこともある。

もったいないの向こう側

僕はこのニュージーランドのキャンセルで、「もったいないの向こう側」に行くことができた。もったいないの向こう側に行くことで、最も大事な「自分の心」というものに正直になれた。

この「もったいない」という違和感を紐解くと、「ナイジェリアまで行ったんだから、何かを得ないといけない」という義務化虚像リスクと同様の「型」であり、固定観念であることがわかった。

目の前の「もったいなさ」に執着すると、見かけ上のお金、時間、労力の損失に囚われて、自分の本心という一番大事なものを棄損してしまう。

自分の中から湧き上がる違和感は、紛れもない自分自身の「心」。ニュージーランドのキャンセルで、自分の心に正直に生きることの重要性にあらためて気づくことができた。心を大切にすることで人間としての本能がますます研ぎ澄まされ、どんな時でもそうした自分の「核」のようなものに従って行動できる力が身についた。残りの人生を考えると、この気づきに、僕は100万円以上の価値があったと思っている。

5-9 潜在力を呼び覚ます用益

会社を大きくしていくことが本当に自分のやりたいことなのかどうか悩んでいた時、売却しようと思って動いたことがある。

27業種にトライし、いろんなことをやり切った僕は、この辺で経営者を引退して穏やかに過ごすのもいいんじゃないかと思っていた。

M&Aでは、通常、営業利益の3～5倍の価格設定がなされるのだけれど、僕の会社を15倍以上の価格で買ってくれる会社が現われた。

けれどその時、「本当にそれでいいんだろうか?」という違和感が生まれた。「会社まで手放してしまったら、お金と引き換えに自分の居場所がなくなってしまう。それで未来の自分は本当に納得するのか?」と心が言っていた。

使って稼ぐ方程式が言語化された背景

その違和感を掘っていく中で、会社の資産価値はもちろん、創業してから今までの膨大な数のクライアントさんやお世話になった人たち、取引先や仕入れ先の方々、パートナーの人たちとつながったご縁や、その信頼関係を客観的に見つめ直した。

僕の会社の資産価値や、新規事業立ち上げの経験、それに伴う自分の成長、僕自身のブランディングパフォーマンス、そして「会社を売却して後悔するか、しないか」という自分の心を目に見える形で数値化するという壮大な計算をしてみた。

すると、「僕は未来、会社についた価格以上の金額を、何倍にも増やし、価値を生み出すことができる。そして会社があったほうが、人生をより楽しむことができる」という答えが出た。

結局M&Aは取りやめ、それと引き換えに、今まで漠然としていたお金の使い方を「使って稼ぐ方程式」として明確に言語化することができた。

自分の用益潜在力に目覚める

資産には、目に見える不動産や有価証券などがある。それ以外にも、目には見えず、現時点で財産としての価値はないが、将来的に価値が期待できるもの、そしてその支出さえも、未来にわたっての収益性で見ることを「用益潜在力」という。

この使って稼ぐ方程式に則ってお金を使うことで、自分にとっての本当の価値が見えてくる。ウィスキーもウクライナのマンションもアートもニュージーランドのキャンセルも、僕自身の用益潜在力を高めてくれるお金の使い方だった。

目に見えるもの、目に見える数字だけが資産ではない。目には見えない自己投資や自分の心に正直になるお金の使い方こそが、未来から逆算した時、確実に利益を生んでくれるものとなる。

お金の本質は使い方にある

お金の本質は「使い方」にある。

お金を使うことは、欲しいモノが手に入るだけではなく、うまく使えば稼ぐことだってできるということを知ってほしい。稼ぐことは、使い方の勉強だと思うくらいでちょうどいいと思う。

どんな小さな買い物でも、この使って稼ぐ方程式に当てはめ、五つの項目のパーセンテージを自分で調整しながらお金を使ってみる。すると買い物の仕方が今までとはガラリと変わり、無駄金を使うことやお金の失敗が少なくなる。この方程式を頭の片隅に置いてお金の使い方に意識を向けるだけでも、全然違ってくる。

この方程式は、僕にとって適切ではあるけれど、あなたも自分なりに五つの項目を考え出し、その割合を調整しながらオリジナルの方程式を作り出してみるのもおもしろいと思う。

僕の周りでも、自分のやりたいことをやって成功している人の多くが、自分なりのルールや式に則ってお金を使い、上手に稼いでいる。

お金を稼ぐことって、一般的に言われるような、自分らしさを出すことや、クリエイティブなことじゃなくても全然いい。

それよりもマインドフリーで物事を捉え、使って稼ぐ方程式のような判断基準を持ってお金を使っていれば、日常で稼ぎ、趣味で稼げるようになってくる。

※用益潜在力：現時点で財産としての価値はなくても利用価値はあり、将来的にはなんらかの収益を生み出す可能性のあるものや権利、支出も資産に含むという考え方

Q4

（20代男性会社員からの質問）役職が上がり、少しずつではありますが収入も上がってきました。それに伴い、デートで良いお店に行ったり、スーツもブランドものにしたり、タクシーを使ったり、新幹線のグリーン車に乗ったりするようになりました。気がつくとお金を使い過ぎてしまい、毎月ギリギリの生活で貯金ができません。近い将来、結婚も考えています。どのようなお金の使い方を心がけたら良いでしょうか。

Ans.

相談者さんは、お金の使い方に悩んでいるようだけど、高級レストランもブランドのスーツも、「上質なものを知る」ということは大事な経験であり、未来の自分への投資でもあるので、悪いことではない。僕も20代の頃は、海外で有名なホテルに泊まったり、新幹線はグリーン車に乗ったり、飛行機もビジネスやファーストクラスに乗っていたけれど、次第に「これって僕には意味ないんじゃない？　見栄なんじゃない？」と違和感を持つようになった。

「使って稼ぐ方程式」の中で、僕にとって重要度が最も低いのが「有用性」。すでに生活レベルを上げてしまっている状態から一気に下げるのは難しいかもしれないけれど、まずはモノやコトの「有用性」にお金を使いすぎていないかを考えてみてはどうだろうか。

新幹線でグリーン車に乗ることもあるようだけど、新幹線の「有用性」の一番は「移動すること」。何度も乗れば、新しい経験ではなくなるし、心もワクワクしなくなる。だから僕は、よほど混んでいる時以外は、自由席に乗るようにしている。自由席が一番安くてコスパが良いからなのはもちろんだけど、それだけで選んでいるわけではない。

例えば、グリーン車に乗って、たまたま隣の席に座った人のマナーが良くなかったりすると、一瞬で居心地が悪くなり、ストレスが溜まってしまう。グリーン車は値段が高い分、期待値も上がってしまう。「高いお金を払っているのに」と心がモヤっとする。これが自由席なら、そもそも期待値は低い。仮にマナーの良くない人が隣に座っても、「自由席だから仕方ない」と思える。空いている時間帯であれば、自分の好きな席に移動することもできたりする。

こんな風に、僕は有用性にお金を使う場合、5番目の項目である「心」というものを大事にしている。だからこそ、期待値が高くなく、ある程度、自分の意思で座席を選択でき、ストレスフリーでいられる自由席をあえて選んでいる。これはもちろん、グリーン車に乗った経験があるからわかったこと。

だから、結婚を考えている彼女とのデートが素晴らしく、心が動くものであれば、お金を惜しまず使ったらいいと思う。しかし、それを自分の見栄とプライドのためにやっているのなら、赤ちょうちんのお店でも良いだろう。

僕は、後悔しそうだな、楽しさが残らなそうだなと思うものには、なるべくお金を使わないように心掛けている。自分の心という、目には見えない価値を大事にできるようになれば、自然と無駄使いがなくなってくるはず。

6章

未来への兆しを掴め！

Power To Survive

6-1 タイムフリーで生きる

お金を自由に使えるマネーフリーが人生の第一段階だとすると、次は時間をいかに自由に使えるかというタイムフリーに移行する。僕はマネーフリーとタイムフリーを達成して、ようやく本当の人生がスタートした。

未来をより良く生きるために、お金と時間は必須と言える。お金がなさすぎると人生を楽しむための選択肢が狭まるし、お金があっても忙しすぎると、そのストレスで体調を崩したり、人間関係がギクシャクしたりするなど悪循環に陥る。お金にも時間にも余裕のあることが、人生の幸せの基礎であることは間違いない。

お金を使って「時間」を生み出す

お金は時間を自由に使うための手段だと思っている。

専門家にお金を払って仕事をお願いすれば、「**働く時間**」が短縮できる。自分がやる必要のない苦手な仕事に時間を割かなくてよくなり、自分がやるべき得意なことに集中できる。

「**移動時間**」も、車、新幹線、飛行機と、お金があれば手段も経路も選択でき、時間を短縮できる。

掃除や料理なども家事代行をお願いしたり、ホテル暮らしをすれば「**生活時間**」が減る。

この三つの時間がお金で買えるようになると、タイムフリーになり、自分に使える時間がめちゃくちゃ増える。タイムフリーにならなくても、自分がより良い時間を過ごすために、お金という引換券を使う、という発想を持つのはやはり大切なことだと思う。

オフしかないホテル暮らしの日常

僕は基本的に日々の90％が自由時間で、残り10％の空いた時間に仕事の打ち合わせを入れている。

90％のオフの中でも特に大事にしているのは、睡眠。1日10時間くらいは寝ている。

しっかり寝ることができれば、日中しっかり活動できるし、風邪もひかない。病気になりにくいし、二日酔いにもならない。完璧な状態で1日をスタートすることができる。起きた後、ご飯は食べず、プロテインを飲む。昼は自由時間にしているので、サウナに行ったり有酸素運動専門のジムで運動していたりすることが多い。

一日一食で、お昼ご飯も取らないことが多いけれど、ホテル暮らしなので、食事や栄養にはかなり気をつけている。だから、たまにランチを取る時は、脂質控えめで玄米や小鉢の多いお店など、身体のメンテナンスを考えながら食べられる場所を選んでいる。

夕方は二部制で考えていて、第一部は「**緊急ではないが、重要なこと**」について考える時間に充てている。具体的には、自分の違和感を掘り下げる言語化だったり、何年か先のビジネスの見通しを考えたりしている。とても大事な時間なので、腰を据えて考えたり喋ったりできる場所を確保して集中してやっている。

それが終わったら、次の目的地に移動。移動中に歩きながら電話でパートナーとプロジェクトの打ち合わせをする。僕は歩くのがめちゃくちゃ速い。のんびり歩いても速く歩いても、使う体力はたいして変わらないので、ひたすら歩きながら打ち合わせを終わらせる。気づいたら目的地に着いているので、効率良く時間が使える。

第二部は「**緊急で重要なこと**」をやる時間。スケジュールを決めたり、移動に必要な飛行機やホテルの予約、SNSの運用や作業をするようにしている。

こうした作業系は、大体足つぼマッサージのお店でやっている。マッサージのお店には週5で行っているので、贅沢に見えるかもしれない。でも、集中できない場所で3～4時間かけて仕事をするより、お金はかかるけれど集中できる場所で1時間で終わらせることができるのなら、僕は迷わず後者を選ぶ。

夜は会食で、毎日違う人たちとご飯を食べるようにしている。人から誘われることも多いけど、3Sミッションのため、行ったことのないお店やおもしろいお店に行くようにしている。そこに集った仲間たちと、近況やビジネス、今後の生き方について話をする。仲間や友だちに自分の考えを話したり、質問されたりすることで、思考の整理ができる。会食は、自分を内観する大事な時間でもある。

「時間」は未来につながる資産

僕は経験と同じくらい、時間も大事にしている。「時間」だけは皆平等に与えられた資産。だからこそ、時間を惰性で過ごすか、有効に使うかで、未来の人生の質が変わる。

時間という資産を、何に使い、何に使わないのか、何を手に入れて、何を捨てるのか。人生は有限だからこそ、今という時間を最大化させて未来につながる資産にしていきたい。そうした意味で、**僕は未来のためなら今、死ぬほど努力できる。**

6-2 人間は三度死ぬ

人間として生まれた以上、お金を使うのにも、やりたいことをやるのにも、期限がある。人は普段の生活の中で、目の前の仕事や家事をこなしながら、慌ただしく生きている。気持ちは若いままかもしれないけれど、ふとした時、残りの時間が少なくなっていることに気づいて愕然とする。親やお世話になった人、同世代の友だちといった身近な人が亡くなったりすると、ますます人生の有限性を感じ、自分は確実に「死」に向かっているんだ、ということがリアルになる。

エンジョイ寿命とは

僕は「人間は三度死ぬ」と思っている。一度目がエンジョイ寿命が尽きた時、二度目が自分の命が終わった時、そして三度目が、みんなの記憶から、完全に消えてなくなった時。
僕は一度目の死である「**エンジョイ寿命**」をできるだけ伸ばそうとしている。エンジョイ寿命とは、文字通り「**心身ともに人生をエンジョイできる寿命**」のこと。

例えば、20代は新しい環境で多くの人に出会いやすく、声もかけられやすい。けれど50代になると、自分にとって心地の良い人としかつき合わなかったり、新しい環境が億劫になってしまったりと、若い頃に比べて人間関係の広がりが減ってくる。さらに20代の時はインフラの整っていない国を旅しても、それを楽しめるだけの体力と勢いがある。けれど60代だと、行く国や場所をきちんと選んでおかないと、ケガや病気につながってしまうことがある。

今は女性でも男性でも、美容や健康に対する意識も高いし、年齢よりも若く見える人が多いので、エンジョイ寿命は最大70歳くらいまでは伸ばせると思っている。自分のやりたいことがスムーズにやれなくなるのが、エンジョイ寿命の終わりであり、それから老後がスタートする。自分の人生を目一杯楽しむことが難しくなってくると、次は孫のためや、世のため人のためになるような余生を過ごしていくほうにシフトしていくのが、自然な流れなのだと思う。

エンジョイ寿命を延ばすために必要な要素は六つある。これは幸せに生きるために必要な要素でもあり、チャンスをつかむポイントでもある。

エンジョイ寿命を延ばす六つの要素

①見た目（顔・身体・美容）
②コミュ力（語学力・語彙力）
③健康
④人脈（マスター・チャンサー）
⑤教養（知識・経験）
⑥資産

①見た目

エンジョイ寿命を延ばすために必要不可欠なのは、「見た目」の美しさ。これだけ巷でアンチエイジングや美容整形が盛り上がっているのは、「見た目至上主義」の世の中になったから。ルッキズムが良いとか悪いとかをジャッジしたいのではなく、いくつになっても、男性でも女性でも、体型、服装、メイク、髪形に気を配っていて、若くて元気な人のほうが魅力的に見られる。

僕が毎日ジムに行っているのも、生きていく上で身体が綺麗なほうが得をするから。お金と同じで、身体は人生をより良く、より楽しく生きるためのツールの一つなので、鍛えている。

今の10代、20代の子は、SNSのインフルエンサーやYouTuberを見て、キャリアや学歴よりも、カッコ良かったりかわいかったりするほうが断然人気者になれるし、稼げるということを知っている。見た目は、鍛えたり、ダイエットに励んだり、メイクを研究したり、美容室に行ったり、美容のメンテナンスに努めてみるなど、自分の努力とお金次第でバージョンアップできるので、エンジョイ寿命を延ばすための最も手軽な手段と言える。

②コミュ力

ここで言うコミュニケーション力は、ただ対人的なスキルを上げるというよりは、語学力と語彙力のほうを重視している。日本には1億2400万人しかいないけれど、世界には82億人が存在する。海外に行けば、出会う人のパイも必然的に大きくなる。英語を喋ることができたら、世界中の人とコミュニケーションが取れるし、より多くの出会いが生まれる。語学力は、エンジョイ寿命を延ばす、というよりは限られたエンジョイ寿命の中で出会う人のパイを広げるといったイメージ。

そして語彙力。僕が今やっている言語化もそのひとつと言える。語彙力が備わっていれば知識の幅が広がり、思考力も深まる。哲学、量子力学、脳科学などジャンルはなんでも良いので、まずは自分が好きだったり興味がある分野の知識を、本を読んだり詳しい人に聞くなどして徹底的に吸収していく。語彙力がアップすることで、感性が豊かになり、人間としての魅力もアップする。

③健康

健康な心と身体があってこそ、楽しい体験ができたり、幸せを感じることができる。疲れが溜まって身体が弱ってくると、思ったように動けないストレスを感じる。心と身体はつながっているので、身体が弱ると心も次第に弱ってくる。大好きな趣味も、健康でなければできない。心身ともに健康であれば、富士山だけではなく、海外の山にだってチャレンジできるし、やりたいと思うことをやれる。だからこそ、病気を予防する意味でも、日頃から身体を鍛えたり、食事に気をつけたり、睡眠をしっかり取ることが大事だと思う。

人と会って話したり、初めてのことを経験したり、新しい刺激を受けることは、心の栄養につながる。そして心が健康であれば、たとえネガティブな出来事に遭遇しても、肯定的に捉えられるような習慣が身につく。そうした心身の健康に注力することは、エンジョイ寿命を楽しむ上で最も大切だと思っている。

④人脈（マスター・チャンサー）

僕の周りには、投資や海外など、さまざまなジャンルの知識を持つ仲間がいる。そうした信頼のおける仲間を「マスター」と呼んでいる。マスターにお願いすれば、自分で調べたり考えたりする時間が圧倒的に短縮される。自分がやりたいことや、実現したいことをマスターに伝え、お任せすることで、自分の未来の準備を事前にしておくことができる。

「チャンサー」とは、自分のやりたいことを叶えたり、新しいステージへと連れて行ってくれるキッカケやチャンスを作ってくれる人のこと。僕は毎年12月に博多駅で行なわれるクリスマスイベントで、ライブをしている。それは、広告代理店に勤めていた経営者仲間が声を掛けてくれたことで実現した。彼はあらゆることで僕にチャンスをくれている人で、感謝してもし尽くせないほど大切な仲間だと思っている。

世の中には、ヒトとコト、ヒトとヒトをつなげることに長けたチャンサーのような人がいる。そうした人に出会うためには、人から紹介してもらったり、旅に出たり、発信力を高めるなどして経験を増やし、自分の人間力を上げていくしかない。

⑤教養

「人脈」にも関連しているけれど、最近は教養の重要さを痛感している。僕が普段つき合っている人は経営者が多い。経済的に成功し、人間的なレベルの高い人と話す機会をもらえても、自分自身に教養がないと、話の輪の中に入っていけない。

先日、シンガポールの大富豪の数十億円の自宅に招待された。アートがたくさん飾ってあり、まるで美術館のような家だった。ビジネスで圧倒的に成功しているのはもちろん、人生も存分に楽しんでいる心の豊かさや余裕が伝わってきた。そして、何より人としての器も桁違いに大きいと感じた。

こうした人との会話は、ビジネスや投資の話だけではなく、立ち居振る舞いはもちろん、ゴルフや車や旅行など趣味の話から、アート、音楽、歴史、文化などの話、おいしいワインやお酒の知識、センスのある飲食店をどのくらい知っているか、などなど多岐にわたる。

一流の人とつき合っても堂々と振る舞える自分になるには、仕事以外の時間を持ち、趣味や好きなことを見つけ、そうしたコミュニティで人とつながったりして学びを深めていくことが必要不可欠と言える。教養が培われることで、自然と自信や自分への信頼も生まれる。

⑥資産

人生をエンジョイするためには、やりたいことをやったり、夢や目標を持つことも時に大事になってくる。そして、そのやりたいことや夢は、お金がかかることが多い。美容や健康を維持するのも、英語を学ぶのも、自分の力だけでは難しかったりする。お金があれば、そうしたことをマスターやチャンサーにお願いすることだってできる。**お金は「時間を取り返すこと」のできる、唯一のツール**と言える。エンジョイ寿命は、伸ばせても70歳だとすると、資産があればエンジョイ寿命をより長くし、より楽しく、より幸せに充実して過ごすことができる。だからこそ、マネーワークで稼いでほしいと思っている。

六つの要素は「緊急ではないが、重要なこと」

エンジョイ寿命を延ばす六つの要素は、どれも**人生における「緊急ではないが、重要なこと」**。多くの人が日常生活の中で、気の乗らない飲み会に参加したり、意味のない人づき合いに時間を取られたりしている。無意識にスマホを見たり、ゲームで遊んだり。息抜きの時間もたまには必要ではあるけれど、自分の命である時間を大切に使うことは、めちゃくちゃ大事。

「緊急でも重要でもないこと」に費やす時間はできるだけ捨て、捨てた時間を自分のエンジョイ寿命を延ばすために使うと決める。ジムに通ってみたり、趣味や得意なことを

SNSで発信したり、YouTubeで英語や中国語を学んだり、少しずつで構わないので、日々の生活の中でそうした時間を、意図的に持つことが大事だと思っている。

すぐに結果は出ないかもしれないけれど、それはたしかな自己投資の種であり、やがて未来に大きな花を咲かせてくれ、エンジョイ寿命をより楽しく、より長く過ごすことに貢献してくれる。年齢を重ねても、やりたいことの選択肢が自分の前にたくさんある状態というのは、誰にとっても幸せなことだと思う。

言語化 File ⑪　エンジョイ寿命

	緊急	緊急ではない
重要	・締切のある仕事 ・クレーム・トラブルの処理 ・病気・事故 ・危機・災害 ↓ **燃え尽き**	**エンジョイ寿命6つの要素** ①見た目磨き ②コミュニケーション力アップ ③心身の健康維持・予防 ④人脈作り ⑤教養を身につける ⑥資産を増やす ↓ **未来への準備（未在未準思考）**
重要ではない	・急な用事 ・無意味な接待・つき合い ・生産性のない会議 ・電話やメールでの対応 ↓ **振り回され**	・暇つぶし ・ネットサーフィン ・雑用 ・SNSのダラダラ視聴 ↓ **虚しさ**

参考文献　『7つの習慣』（スティーブン・R・コヴィー）

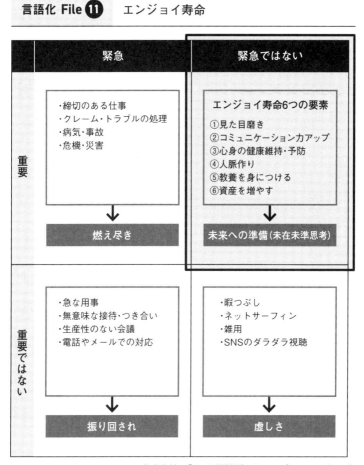

6-3 コンフォートゾーンを抜け出せ！

エンジョイ寿命と同様、未来の自分をよりバージョンアップさせるため、僕は積極的に「コンフォートゾーン」を抜け出るようにしている。コンフォートゾーンというのは、自分にとって居心地の良い領域のこと。いつもの場所、いつもの友だち、いつもの話題というのは、刺激は少ないけれど安心だし、楽しい。だから基本、皆出たがらない。

コンフォートゾーンを出るということは、自分の知らない世界を見るということだから、人間にとってとても怖いことなんだと思う。

「少しのストレス」がステージを上げてくれる

でも実は、そのコンフォートゾーンを抜ける時の「少しのストレス」にこそ、チャンスが隠されている。自分には相応しくないんじゃないか？　と思うような、あまり居心地の良くないモノ・コト・ヒトに触れることで、自分のコンフォートゾーンが広がっていき、さらなる成長につながる。

モノのコンフォートゾーンを抜け出すために、少し背伸びをした買い物をしたり、ブランド物を買ったりするのもいい。普段買わないようなもの買うことで、新しい自分が発見できたり、知らないことを知れたりする。僕みたいにミニマリストの人もいるけど、「モノを持たない」というのもある意味、モノのコンフォートゾーンを抜けるための一つの手法と言える。

そして、コトのコンフォートゾーンを抜け出たい時は、「習い事」をお勧めしている。僕は英会話を習っているけれど、正直言って、英語は好きじゃないし、面倒くさいし、楽しくもない。でも、そうした**いつもと違う「ちょっと嫌だな」「面倒くさいな」と思うことをあえてやってみることが、自分の人生を変化させてくれるキッカケにつながったりする**。

コンフォートゾーンは、「モノ」→「コト」→「ヒト」の順に抜け出すことができ、それはスパイラル状に広がって、自分のレベルを次のステージへと押し上げてくれる。

「飽きること」が未来に進む兆し

3Sミッションによって、「モノ」→「コト」のコンフォートゾーンを突き抜けて進んで来た僕は、それらに少し飽きてきた。仕事も遊びも、やるとなったら徹底的にやってしまう性格なので、自分の中である程度「やり切った」と感じた時、「飽きた」という感覚もセットでやってくる。何事もやり込んでいくと「飽き」がくる。もちろん「飽きる」というのは途中で投げ出すことではなく、**自分が次のステージに進んで行く時というう「未来への兆し」**でもある。

居心地の良い場所で成長し続けるなんて、できない。だから僕は今、自分のコンフォートゾーンにいないような「ヒト」に出会うことを切望している。

ヒトのコンフォートゾーンを抜ける

以前とあるパーティーで、皇族の方が主賓で来られていた。皇族の方に会える機会なんてまずないから、おこがましいけれど、チャンスがあればその方とお話をさせていただけたらいいな、と思った。急に話しかけたら絶対にSPに止められると思ったので、その方が興味を持っていることや、直近の海外での慈善活動の情報をその場で調べ、簡単な手話も覚えた。

思い切って近くに行くと、やはりＳＰに止められそうになった。けれど、僕が手話で話しかけたのが良かったのか、少しだけお話しさせていただくことができた。まさか皇族の方とお話しできるなんて思ってもみなかったので、とても緊張したけど嬉しかった。「皇族の方とお話しすることなんてできない」と思うのではなく、「どうしたらお話しできるだろうか？」と考えて行動する。マインドフリーになり、こうしたことにトライしていくことで、僕のヒトのコンフォートゾーンはどんどん広がるようになった。そして今、実際に素晴らしい人たちとのご縁が次々と生まれているのを実感している。

ホテル暮らしではなくなる日がくる？

ＳＮＳのおかげで、コスパ良くモノが買えたり、効率的にコトの経験ができたり、会いたいと思えば大抵の人と会えるような良い時代になったと思う。ストレスはかかるけれど、新しいことや知らないことに体当たりしてコンフォートゾーンを抜け出るためのチャンスを見つけに行くことが大事だと思う。

コンフォートゾーンの「モノ」→「コト」→「ヒト」には何層にもわたってステージがあり、無限にループしている。僕が「ヒト」のコンフォートゾーンを抜け出ることができたら、また「モノ」に戻り、もしかしたら家を持つという選択をする日がくるかもしれない。しかしそれもまた、自分のステージが上がった証拠になるのだから、ある意味、自然な流れだと思っている。

■｜コンフォートゾーンから抜け出せ

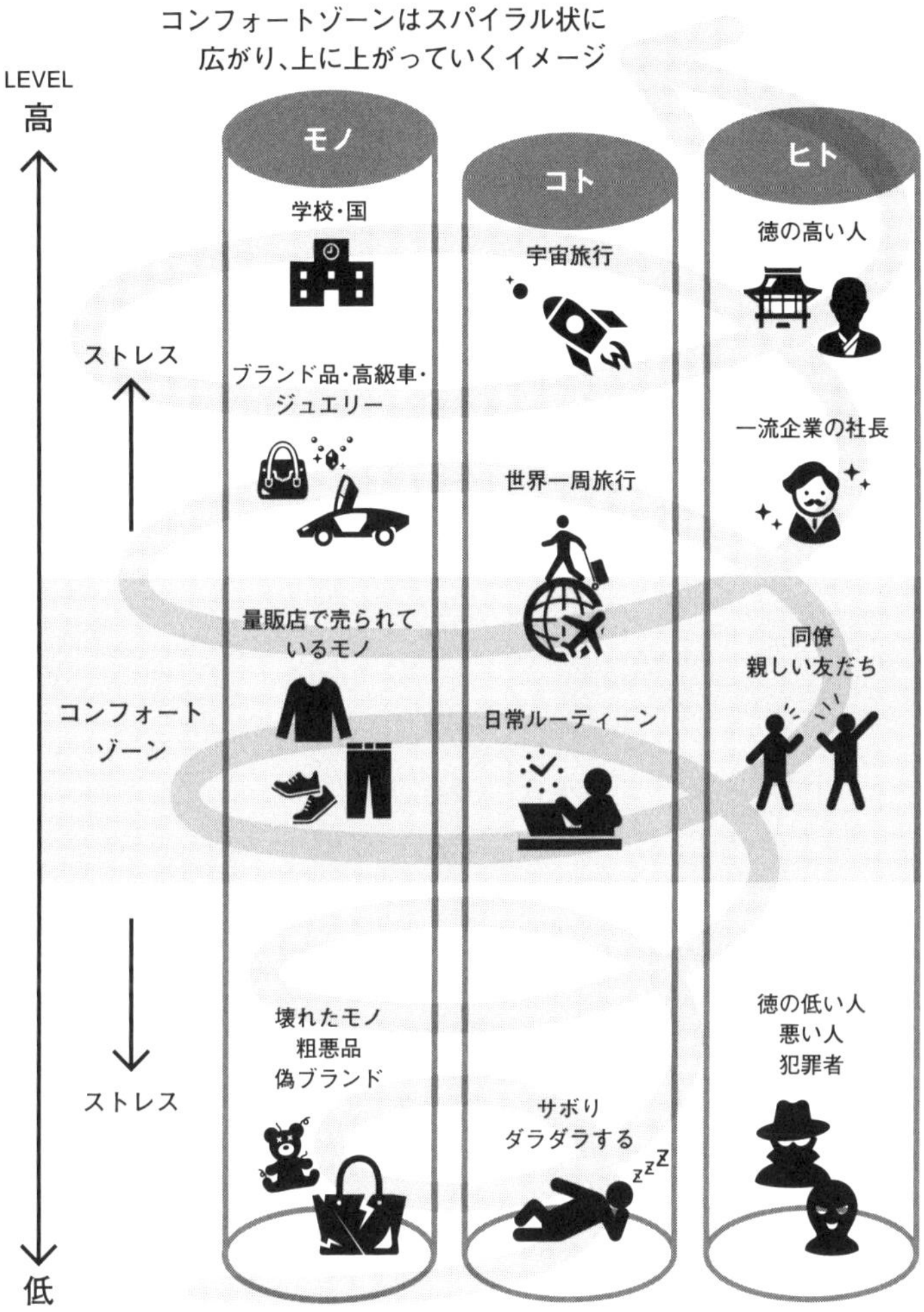

6-4 同次元共鳴者を探す旅に出る

ヒトのコンフォートゾーンをさらに広げていくため、僕は今、「同次元共鳴者」を探している。同次元共鳴者の「同次元」は「思考」のことで、「共鳴」は「価値観」が同じことを指す。同じスピード感で話ができる同次元共鳴者は、似たような価値観は持っているけれど、専門分野が違うので、一緒にいると新しい世界を分かち合い、刺激し合うことができる。同次元共鳴者は、学歴や社会的地位などで判断するものではない。

「同次元共鳴者」の定義は3つある。

①「常識を疑っている人」
②「自分で経験したことを、自分の言葉で話している人」
③「自分の考えに自信と信念がある人」

同次元共鳴者は思いがけないところに存在する

先日、MENSA会員の女性とYouTube対談をした。彼女は小さな頃から宇宙のことや、自分はなぜ生きているんだろう、ということばかり考えて生きてきたらしい。当然周りの人と全然話が噛み合わないので、自分は社会不適合者なんだと思っていた。そんな生き辛さから病院に行ったところ、検査結果からIQの高いギフテッドだった、ということがわかった。**自分ってダメなんだと思っていたのに、「ギフテッド」と言語化されることで「私って、こういうラベリングだったんだ」「こういう生き方ができるんだ」と認知でき、それからとても生きやすくなった、**と言っていた。

普通とはどこか違う、人と同じようにできない生き辛さから、結果自分のギフテッドという特性を認知し、逆にそれを活かして自分らしい生き方や幸せのあり方を見つけ出していった彼女の話に、「同次元共鳴者なのかもしれない」と感じた。

SNSの発信で「同次元共鳴者」を見つける

同次元共鳴者となら、お互い何が言いたいのか理解できるし、テンポ良く会話ができる。細かく話さなくても、「アレ」と言えば「アレ」で通じ合えるのが嬉しい。例えて言うなら、海外の知らない街で、偶然日本人を見つけた感覚に近い。そこには「思考が通じる」という嬉しさがある。

同次元共鳴者と話すと、自分の考えがよりクリアになり、思考がブラッシュアップされていくのがわかる。同次元共鳴者は、自分の能力をさらに引き出してくれる最高のパートナーと言える。ただ単に話が合うだけではなく、「この人と話すと新しい発見や気づきがある」とか、「自分が成長できる」という人が身近にいるのは幸せなことだと思う。そうした人は見つけにくいけれど、多くいれば嬉しい。

僕が今、自分の思っていることや考えていることをYouTubeやTikTokで発信しているのは、共感してくれる人たちの中に必ず「同次元共鳴者」がいるから。同次元共鳴者を見つけ、出会い、つながっていくことが、コンフォートゾーンの「ヒト」のフェーズを超えようとしている、今の僕の幸せに直結している。

皆さんにとっても同様に、同次元共鳴者はまだ出会っていないだけで、たくさん存在している。そうした人を自分から見つけに行くことで、人生はより豊かになると思っている。

言語化 File 12 同次元共鳴者

同次元…思考
共鳴……価値観が同じ

常識を疑い、自分で経験したことを自分の言葉で、
自信を持ってしゃべることができる人

6-5 本質で生きる人

僕の同次元共鳴者は、本質に添ってシンプルに生きている。**本質で生きる人とは、自分がどう生きたいのかを知っていて、世間の常識や価値観に惑わされず、人と比べることなく、自分なりの幸せの形を追求している人のこと。**彼ら、彼女らは、総じて笑顔が素敵で誰に対しても優しい。ピュアで飾らず、自然体で生きている。

そんな本質で生きている人たちは、次の三つのうち、いずれかのコトを経験している人が多い。

①一つのことを極めた人（例：オリンピック選手・博士など）

②お金と時間があって、自分と向き合わざるを得なかった人（例：ＦＩＲＥ・資産家など）

③生命の危機に直面したことのある人（例：病気・裏切り・絶望など）

①一つのことを極めた人

ビジネスやスポーツ、勉強、料理、音楽、どんなジャンルでも関係なく、一つのことを極めた人というのは、確実に自分の内面を掘っている。一つのことを突き詰めていく過程で自分を内観しなければ、極みにはたどり着けない。「自分はなんのためにこれをやっているのだろう？」という違和感を掘り、本質にたどり着かないことには、その境地に達することができない。その道を極めた人は、普通の人が見ないような角度で物事を捉える視点を持っているので、おもしろい。世の中の仕組みや成り立ち、問題やその解決の核となるような本質を見つける力が高いので、一緒に話すと自分の考えまで整理される。

②時間とお金があって、自分と向き合わざるを得なかった人

お金も時間もありながら自由になった人というのもまた、「何が自分の幸せなのか？」という本質に向き合わざるを得ない。

自由になった人がたどり着く境地と言える。

③生命の危機に直面したことのある人

生命の危機に直面したことのある人や、人生に生き辛さや絶望を感じた人もまた、本質で生きている可能性が高い。

八方塞がりの状態で「どうやったらこの最悪な状況から抜け出せるのか？」と考え、行動するしかなかった人たち。もちろん、そのまま世の中の不条理に耐えられず、サポートが行き届かないまま、ネガティブの闇に飲み込まれてしまう人もいる。けれど、そうした状況が逆に転機となり、自分の内面を掘ってきた人は、強い。

本質とは、「捨てる」こと

物事の本質は、大事な核だけを残し、それ以外を「捨てる」ことにある。

本質で生きている人は、執着を外し、こだわらず、いろんなものを捨ててきた人なのだと思う。

もちろん、捨てることは、勇気のいることだと思う。でも、「捨てる」という決断は、一見ネガティブに見えるけれど、それは未来に進んで行くためのポジティブな選択。大事にしていたモノを捨てたくなったり、今やっているコトをやめたい、という気持ちも、「飽きる」と同様に、自分がバージョンアップしていくための「**未来への兆し**」に他ならない。

Q5

（40代男性人事採用担当からの質問）新卒採用に悩んでいます。最近の学生は学力優秀で意識も高く、性格は穏やかで真面目な「良い子」が多いと感じます。安定志向が強いため、失敗を恐れている感じもします。失敗を恐れず自ら考えて動き、会社と共に成長しながら稼ぎたい！ という意欲のある人を見分ける方法があったら教えてほしいです。

Ans.

平成ボーダーラインの以前と以降とでは、稼ぐ人の特徴が異なると感じる。旧世代には、「トークスキルが高く、臆せず積極的に提案できる人が稼げる」というイメージがあるのではないだろうか？ でも、リモートの仕事が増え、コミュニケーションが見えづらくなり、それに伴い、ノリと勢いとヨイショ力を評価する風潮が薄れてきたように思う。

今の新世代で稼いでいる人は、「ピュアさ」と「弱さ」、「素直さ」を持っていると感じる。4章で紹介した僕の会社の元社員で、今はパートナー制で仕事をしている彼女なんかは、まさにこれに当てはまる。

彼女はシャイだけれど、お客様に好かれてリピートが絶えない人。無駄にお客様をヨイショしたりしない代わりに、仕事は正確で速いし、素直になんでもやろうとする姿勢を持っている。僕がムチャ振りしても、「できるかどうか自信はないけど、やってみます」と本音を隠さず正直に言うし、本当にできないことは「できない」とハッキリ言う。こんな風に白分の「弱さ」を伝えられるのって、実はすごいこと。なぜかと言うと、自分の能力を客観視できない人ほど、とりあえず「できます！」と言っておいたほうが場が丸く収まるし、「意欲がある」と上司に思ってもらえるという打算が働くから。ピュアさって、こういうところに出る。

彼女は、デザイン事業を立ち上げた時に面接に来てくれた。当時高校を卒業したばかりの18歳でおとなしい感じだったし、デザインの経験もなかったので、すぐに不採用の連絡をしようとした。けれど、うちの会社の対応や自由な社風が印象的だったようで、その日の夜にアポなしで戻ってきて、「どうしてもこの会社で働きたいです！」と僕に直談判してきた。びっくりしたけど、彼女の熱意に心を動かされ、宿題を一つ出してみた。「下手でもいいから、今日中にデザインを作ってほしい」と言ったら、本当に期限内に提出してきてくれた。レベルは高いとは言えないものだったけれど、その情熱と約束を守る素直さに感動して、採用することに決めた。１００名を超える応募者のうち、彼女が唯一の合格者となった。そして彼女は社内で一番成長し、会社にとって、僕にとって、なくてはならない存在になっていった。

彼女が今もがんばってくれているおかげで、デザイン事業は僕の予想を大きく上回るものへと発展している。

人の採用は会社にとって、緊急ではないが重要なことであり、未来への投資そのもの。すごく難しいことだけれど、僕はこだわりの強い経験者より、ピュアで素直な未経験者のほうが伸びると思って採用してきた。

新世代の採用は「ピュアさ」「弱さ」「素直さ」の3つがキーワードになると見ているので、参考にしてもらえたら嬉しい。

7章

サバイブする力は「自分への愛」

Power To Survive

7-1 右脳と左脳の働き

右脳は直感的で左脳は論理的というのが、脳が持つ特徴だと考えられている。けれど、僕はこの説にあまり納得がいっていない。僕は普段、ひたすら思いつきで行動しているように見えるらしく、「右脳っぽいよね」とよく言われる。たしかに直感で素早く決断しているけれど、ほぼ理論で考えて生きている。考え抜いて左脳を鍛えすぎた結果、理論を直感的に導き出しているので、右脳っぽく見えるだけで、ほとんど左脳で考えていると思っている。

これは科学的に証明されていることではなく、あくまで「僕の説」でしかない。けれど、僕は右脳と左脳の働きをこんな風に捉えている。

右脳の働き

右脳には、自分が生まれてから現在までの膨大な「経験」が入っていると捉えている。忘れているようで、右脳というデータベースには幼い頃からの経験や感情がすべて入力されている。もちろん、3Sミッションで経験したことのすべては右脳に入り、経験やそれに伴う感情が増えれば増えるほど、右脳はどこまでも大きくなっていく。でも、右脳に入った経験や感情は、「なんとなく楽しかった」とか「微妙な空気感だった」といった、曖昧でぼんやりとした靄《もや》がかったような状態で浮遊している。

左脳の働き

そんな風に、右脳にぼんやりと浮かんでいる経験やその時感じたものに対して、違和感を持ち、その違和感を掘り、言語化して認知できた時に初めて、曖昧だった右脳のジャッジが言語にトランスフォームされ、左脳につながる。

例えば、野球のバッターが「とにかくバットをブンッと振ればホームランが打てる」と経験上わかっていても、その「ブンッ」を言語化していなければ、ホームランを再度打つことは難しい。右脳だけだと思いつきに近いので再現性がなく、ミスする確率も高くなる。そしてそのミスを分析することができない。

でも、その「ブンッ」を「バットでボールの中心から7ミリ下の部分を打ち、バックスピンをかけ、打球の角度が28度前後だとホームランになる」と言語化して認知すると、ホームランを打てる確率が上がり、ミスしたとしてもすぐに正しいフォームに戻すことができる。

このように、「言語化」は右脳と左脳をつなぐパイプ役であり、違和感はそのパイプを生み出す「タネ」のようなもの。右脳で感じた違和感を言語化し、左脳につないでいくことで、成功のルール化や後悔しない決断ができるようになる。

言語化の重要性

この右脳と左脳の考え方は、ビジネスや人間関係などあらゆる場面で使える。

先日、元社員と一緒に飲んでいる時に、「数年前にショウさんから言われたこと、結構堪《こた》えました」と言われた。僕が彼に何かを指摘した時に「〇〇は、運気悪いんだよ」と言っていたらしい。

その頃の僕は、まだ言語化という概念自体がなかったので、「運気」の説明が彼にできていなかった。決して「運の悪いダメなヤツ」と言いたかったのではなく、「運気が悪い（右脳の曖昧なジャッジ）」＝「表情が暗いでしょ、挨拶の声が小さいでしょ、机の上が散らかっているでしょ。元気の良さが長所なんだから、伸ばそうよ」ということが言いたかった。そう伝えることができていれば、彼も自分で気をつけよう、と思えたかもしれない。

当時の僕に、言語化の重要性がわかっていれば、もう少し言い方があったのではないかと反省している。

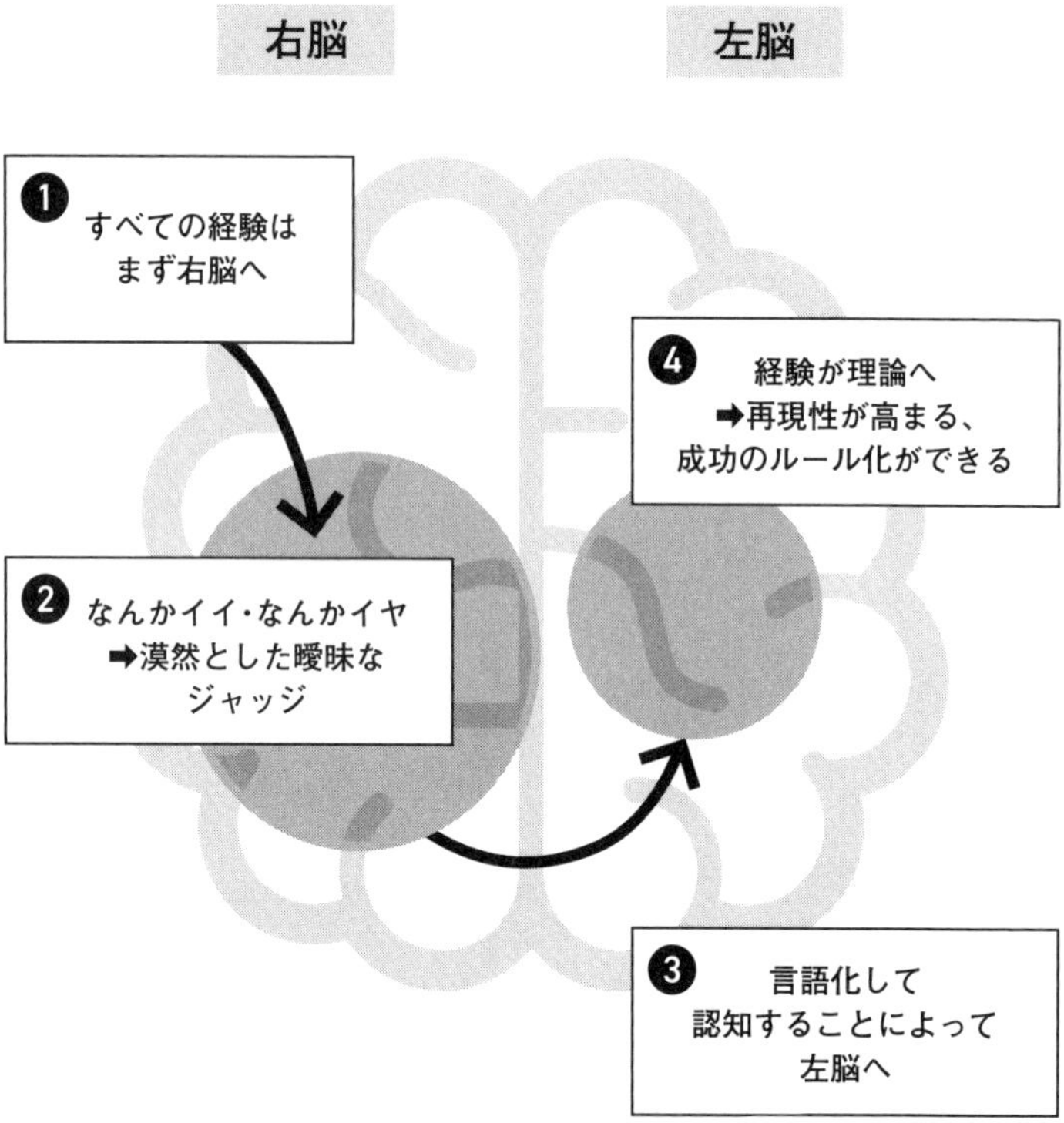
右脳
左脳
❶ すべての経験は
まず右脳へ
❷ なんかイイ・なんかイヤ
➡漠然とした曖昧な
ジャッジ
❸ 言語化して
認知することによって
左脳へ
❹ 経験が理論へ
➡再現性が高まる、
成功のルール化ができる

※著者個人の見解です

7-2 言語化は社会貢献

僕は、お世話になった人ほど、大好きな人であればあるほど、言語化による気づきを届けたいと思っている。言語化するのは自分が生きていくためにやっていることだけど、大好きな人から受けた優しさや思いやりの心は、お金や物といった目に見える、形あるものだけではなく、言語化という名の気づきと刺激でお返ししたい。そうすることが、僕にとっての最大の恩返しだと思っている。

言語化は恩返し

もちろん、不慮の事故で亡くなった僕の友だちに対してもそう思っている。

お葬式の時、彼の右腕だった方から、「社長からショウさんのことをずっと聞いていました。あいつはブッ飛んでいる、生き方がヤバいから、真似しているんだよって、いつも言っていました」と聞いた。

彼は、「ショウちゃんのその言語化、おもしろい！　その通りだね、すごいね！」とよく言ってくれていた。僕は彼が大好きだったからこそ、彼と話す時はいつも恩返しの意味で、彼の心が欲している、彼の心の奥に響くような言葉を届けようとしていた。だから突然の別れだったけれど、ものすごく大切な人だったからこそ、「あの時、彼にああ言っておけばよかった」「ああしておけばよかった」といったような後悔はなかった。

あれだけ仲が良かったのに、僕が涙を見せていなかったので、他の友だちから「悲しくないの？」と言われた。もちろん悲しかったけれど、僕が彼にかけたい言葉はこれだけだった。

「僕と出会ってくれてありがとう」
「褒めてくれてありがとう」
「助けてくれてありがとう」
「絶対的な味方でいてくれてありがとう」

悲しさや辛さ、悔しさではなく、彼にはただ「ありがとう」の気持ちしかなかった。彼は僕の心の安定剤のような人だったけれど、もう彼に話を聞いてもらうことはできない。だから彼の分までたくさん経験をして、来世でまた出会った時、「あの後、60年くらい生きて、びっくりするような経験をいっぱいしてきたよ！」と、彼にめちゃくちゃおもしろい話をしたい。「ショウちゃん、すごいな！」って、また一緒に笑いたい。

来世で彼とまた出会うためには、僕自身が3Sミッションで経験値を上げ、お金も時間も人脈も増やし、エンジョイ寿命を延ばし、コンフォートゾーンを抜け、人間力を圧倒的に上げておかないといけない。

僕がこの世から去る時に、神様に「今世たくさん成長したから、願いを叶えてあげるよ」と言ってもらえるような形で死にたい。そして「大好きな彼とまた喋りたいので、彼を呼んでください」とお願いする。来世でまた彼と、たくさん、たくさん話をしたい。そんな風に僕は、人間レベルと魂レベルを上げて死んでいくために、今を後悔しないように、本気で生きている。

成長しまくって死ぬから、それまで待っていてね、楽しみにしていてね。

彼やお世話になった人たちと、来世でまた会うために自分を進化させて生きる。それが大好きな人に対する恩返しだと思っている。

言語化は社会貢献

僕自身が自分の人生をサバイブしてきたからこそ、**「言語化」は最強の社会貢献になる**と思っている。社会貢献って、募金活動や寄付、ボランティアなど、いろんなジャンルがある。僕も日本や海外で募金活動をしたり、ボランティアの経験があるけれど、大変なことだし、地球上のすべての人を救うなんて、現実的には難しい。だからこそ、より多くの人に支援や応援が行き届くことは、とても重要なことだと思っている。そう考えた時、多くの人の人生を応援できる社会貢献の一つに「言葉」があるのではないかと思った。

SNSが台頭している今、言葉には拡散力があり、全世界の人に届けることができる。「3Sミッション」「平成ボーダーライン」「義務化虚像リスク」「期待値調整」「未在未準思考」「エンジョイ寿命」「同次元共鳴者」といった、生きていく上で役に立つ言葉を言語化することで、僕は僕の人生を救うことができ、サバイブすることができた。

世の中の人たちが、まだ気づいていないことや、右脳で漠然と感じていること、知っていれば心がラクになるようなこと、悩みの解消や問題の解決につながること、成功のキッカケになること、幸せに生きるためのヒントになるような言語化を、僕はこれからもやり続けたい。そして、自分の人生を幸せに生きていきたい人たちに、自分の心の中に芽生えた違和感を磨き、言語化していくことの重要性を伝えていきたいと思っている。

7-3 自分こそが未来の自分の子ども

今、子どものいる人はきっと、子どもの将来のことを考え、小さな頃から教育に力を入れていると思う。

良い学校に入って、良い友だちや先生に出会って、楽しい学校生活になるようにと習い事や塾に通わせる。子どもが留学したいと言えば行かせてあげたいだろうし、お金がかかる大学でも、子どもが行きたいと言えば行かせてあげたいと思うのが親だろう。子どもが夢に向かって前進するために、お金は必要不可欠なものなので、一生懸命働いてお金を貯めたり、学資保険に入ったりする。

10年後、20年後、子どもが社会に出て大きく羽ばたいていく時には、目の前にはいろんな選択肢があって、その中から大好きなことを選んでほしいと願う。

仲間や恩師に恵まれ、未来をより楽しく、より豊かに、より幸せに生きられるように、子どものためにあらゆる準備をしているのではないかと思う。

自分のために、未来の準備をする

僕は、そんな風に**自分の子どもにやってあげていることを、まず自分にやってあげてほしい**と思っている。子どものためを思って「犠牲的利他」で生きるのではなく、自分こそが自分自身の子どもだと思って、大切に育て、愛してあげてほしい。「利己的利他」の心を持ち、我慢することなく自分の心に正直に生きてほしい。自分こそが未来の一番大切な子どもだということを知ってほしい。

子どもには未来への準備をしてあげられるのに、どうして自分の未来への準備は後回しにするのだろう。

今さら自分に投資したって遅いから？　残りの未来が少ないから？　自分を諦めているから？

そう心に聞いてみてほしい。そして、その違和感を味わってみてほしい。

僕は、大人たちがこのことに気づき、自分の未来への準備を楽しみながら生きている姿こそが、子どもたちにとって最も大きな学びであり、生きることの幸せにつながっていくことだと信じている。

僕は、10年後、20年後の自分のために、できる限り選択肢の幅を広げてあげたい。できるだけ長く、「好きな時に、好きな人と、好きなことを、好きなだけ」やれる自分でありたい。そのためにはお金も時間も同次元共鳴者も、なくてはならない大切なもの。

僕は小さな頃からずっと、未来を生きるための準備をしていて、これからも準備し続けて生きていくのだと思う。

7-4 今が過去を作る、未来が今を作る

倒産した、破産した、事故を起こした、虐められた、訴えられた、などなど、どんな失敗をしたとしても、絶望を感じたとしても、「過去」って実はめちゃくちゃ変えられる。

どんな過去も今が良ければ美化される

ある賢い子が東大に入ったとする。すると周りは当然のように、「親の教育が良かったからだね」「素直な子だったからだね」と言う。

一方で、学校にも行かず、ヤンチャして毎日遊び呆けている子がいたとしたら、「親の育て方が悪かった」「あいつはワガママだった」と言われる。けれど、そんな子が社会に出て、ベンチャー企業を立ち上げて大成功したら、「あの親の自由な育て方が良か

ったんだ」「あいつ、発想が自由だったもんね」と、過去の捉え方があっという間に変わる。同じように、東大を出た子が社会に出て破産してしまったら、「親が甘やかしすぎた」「勉強だけで頭でっかちだった」と言われる。

こんな風に、過去、黒歴史があったとしても、「今」が素晴らしければ、それを塗り替えることができる。逆に言えば、今成功してチヤホヤされていたとしても、未来に寂しくてみじめな暮らしをしていたら、「アイツ、調子に乗っていたな」となる。人間って都合の良い生き物で、今が良ければ、悪い過去も、それは美談として語られる。

言い換えれば、未来が素晴らしかったら、今がたとえどんな状況だったとしても美化される日が必ずくる、ということ。今困難な状況にいる人も、一歩ずつ未来に備えるための行動をしていけば、それは困難ではなく、素晴らしい過去に変わる。

未来が今を作る

僕がこうした考えを持っているのは、やはり130年以上続く呉服屋を、時代と共に拡大させたり、縮小させたり、分散させたりと、フレキシブルに変化させながら継続してきてくれた先祖の存在があるからだと思う。

僕が今自由に生きていられるのは、ご先祖様たちが、子孫である僕の未来の準備をし続けてくれたからに他ならない。

僕が「未来」にこだわっている本当の理由は、僕がそうしてもらえたように、来世、そして次の世代の子孫たちにさまざまな選択肢を準備しておいてあげたいから。僕の子孫たちにも、「好きな時に、好きな人と、好きなことを、好きなだけやれる」人生を歩んでほしい、と願うから。

来世に持って行けるもの

人が亡くなる時、お金やモノのように形のあるものや持ち運べるものは次には持って行けない。けれど、自分がやってきた「経験」や「言語化」といった、目には見えない「サバイブ力」は、来世に持って行けると思っている。年を取り、身体は衰えても、サバイブ力は無限に成長させ続けることができる。自分の心を強くし、成長し続けていくことこそが人間の生きる意味だと思っている。

生きることとって、自分のサバイブ力を上げ、人間力を上げていく修行。この身体は、神様からの「借り物」だという感覚が幼い頃からあった。だからこそ、その「借り物」を大切にし、最大限に活かしたい。

僕は自分の生き方が素晴らしいとも思っていないし、これが正解だとも思っていない。そしてもちろん、この考えを強要したいとも思っていない。価値観や考え方というものは、1秒ごとに変化していくもので、僕自身の価値観も変化していくのだから。

けれど、自分の心の痛みに気づき、それを素直に受け入れること。

違和感の声を無視してがんばるしかなかった自分を責めるのではなく、許すこと。

自分の中に芽生えた小さな違和感の声に耳を澄ませ、自分の心が何を言おうとしているのかを真剣に受け止めてあげること。

これこそが自分を大事にすることであり、ひいては周りの人たちを大切にすることにもつながっていく。少しでも共感できることがあれば、未来の準備のために明日から一歩でも進んでもらえると、とても嬉しい。

「サバイブする力」は自分への愛

3Sミッションをやっていると、世の中知らないことだらけだと嫌でも気づかされ、時間だけがどんどん過ぎていくのがわかる。人生の短さとはかなさ、命が尽きるまでにやれることには、どうやっても「限りがある」ということが脳に刻まれる。

僕は3Sミッションをやることで、人生の優先順位がガラリと変わった。もっとお世話になった人たちに恩返しがしたい、もっと世界の知らない場所に行きたい、もっとやったことのない経験をしたい、もっと刺激を受ける人たちに会いたい。

自分の未来のために、ベストを尽くせる状態の自分でいることが、僕自身の幸せや成長だと、膨大な経験を経てわかった。

違和感を言語化し、認知し、自分の心に従って後悔しない選択をしていくことで、僕は僕自身の人生を生き延びていくことができた。

「サバイブする」ということは、未来の自分自身を守り、何よりも自分の心を大切にすること。つまり「自分を愛する」ということに他ならない。

自分への愛が満たされた時、それはまわりの人たちの幸せへと循環していく。だから僕は今日も「3Sミッション」で生きている。

■ 言語化一覧 PART 2（4～7章）

言語化	意味
6 未在未準思考	●自分の未来に多くの選択肢を与えるため、お金や健康、人脈など未来をよりよくするための準備を今からしていくという考え方。
7 マネーワーク・らしさワーク	●「マネーワーク」 ⇒生活のため、お金を稼ぐためにする仕事のこと。 ●「らしさワーク」 ⇒自分が好きで得意なことを仕事にすること。
8 使って稼ぐ方程式	●「お金を使う時の計算式」 金額＜（資産価値＋有用性）＋（自己投資＋ブランディングパフォーマンス＋心） ●この式が理解できると、お金を使いながら稼げるようになる。 ※式の項目・割合は人それぞれで良い
9 1億即決・100均お悩み理論	●1億円の資産価値のあるものより、資産価値のほぼない100均の商品を買うほうが断然難しい、という考え方。
10 ブランディングパフォーマンス	●自分自身のブランド的価値（自分の価値を上げてくれるもの）とパフォーマンス（効果）を対比させた度合い。 ●自分の価値を、未来にわたって上げてくれるモノや事柄や人のこと。
11 エンジョイ寿命	●心身ともに健康で、人生を思うように充分楽しむことができる寿命のこと。
12 同次元共鳴者	●思考力・価値観が自分と合う人のこと。 ●常に常識を疑い、自分の言葉で、自分の経験したことや考えを自信と信念を持ってしゃべることができる人。

著者略歴

野口 昌一路（のぐち しょういちろう）

株式会社シトラス代表取締役
岐阜県で130年以上続く呉服屋の長男として生まれる。成城大学卒業後、大手コンサルティング会社に入社。2010年、株式会社シトラス創業。広告業、デザイン業、飲食業、小売業、出版業、新電力業、不動産業、コールセンター業などのべ27業種の新規事業を立ち上げ、10事業をバイアウトする。エンジェル投資やアート、バイオリンなどさまざまな分野の投資家としても活動中。自らの違和感を深堀りし、言語化した「3Sミッション―死ぬまでに・知らないことを・少なくする」を遂行するべく、地球を遊ぶように旅し、年間365日ホテル暮らしをしている。今すぐ旅したくなる服「VUNCTION」のデザイナー兼プロデューサー。ミュージシャンとして音楽活動も行なっている。

問い合わせ、取材・講演依頼：株式会社シトラス　http://citrus.co.jp/

Instagram　@URIBODAYO

サバイブする力
経験を増やし、違和感を磨き、言語化すると未来が拓ける

2024年10月1日　初版発行

著　者 ―― 野口昌一路

発行者 ―― 中島豊彦

発行所 ―― 同文舘出版株式会社

東京都千代田区神田神保町1-41　〒101-0051
電話　営業03（3294）1801　編集03（3294）1802
振替00100-8-42935
https://www.dobunkan.co.jp/

ISBN978-4-495-54170-5

印刷／製本：萩原印刷　Printed in Japan 2024